Zum Beispiel
Vietnam

Süd-Nord

Eine Buchreihe, die das komplizierte Verhältnis zwischen »Dritter Welt« und Industrienationen anhand konkreter Beispiele aufgreift, verständliche Hintergrundinformationen liefert, Zusammenhänge deutlich macht, Anregungen gibt, wie jede/r sich weiter informieren und engagieren kann.

Süd-Nord: Das gibt die Richtung an! Wir müssen die Umstände kennenlernen, die Armut, Hunger, Unterdrückung und Ausbeutung verursachen. Das Augenmerk liegt auf ungerechten Strukturen, von denen wir, die Bewohner des Nordens, profitieren.

Süd-Nord: Das sind keine wissenschaftlichen Studien, die durchgearbeitet werden müssen, sondern einführende Lesebücher, die keinerlei Vorkenntnisse voraussetzen.

Zu folgenden Themen sind bisher »Zum Beispiel«-Bände erschienen: Amazonas, Apartheid, Atomwaffen, Babies, Bangladesh, Bevölkerungspolitik, Blut, Chile, China, Cocain, Entwicklungshelfer, Flüchtlinge, Frauenalltag, Frauenprojekte, Gesundheit, Holz, Hunger, Kaffee, Kinderarbeit, Kinder im Krieg, Mosambik, Nahrungsmittelhilfe, Sextourismus, Slums, Soja, Staudämme, Tee, Tellerwäscher, Umweltzerstörung, Vietnam und Zucker.

Nähere Informationen über die Reihe sind kostenlos erhältlich bei: Lamuv Verlag, Düstere Straße 3, D-3400 Göttingen

ZUM BEISPIEL VIETNAM

Redaktion:
Uwe Hoering

Süd-Nord

Lamuv Taschenbuch 70

CIP-Titelaufnahme der Deutschen Bibliothek

Zum Beispiel Vietnam / Red.: Uwe Hoering. Orig.-Ausg. -
Göttingen : Lamuv Verl., 1989
(Lamuv-Taschenbuch ; 70) (Süd-Nord)
ISBN 3-88977-203-X
NE: Hoering, Uwe [Red.]; 1. GT

Originalausgabe
1. Auflage, November 1989

Süd-Nord wird herausgegeben von Ekkehard Launer
Umschlaggestaltung: Gerhard Steidl
Gesamtherstellung: Steidl, Göttingen
ISBN 3-88977-203-X

Inhaltsverzeichnis

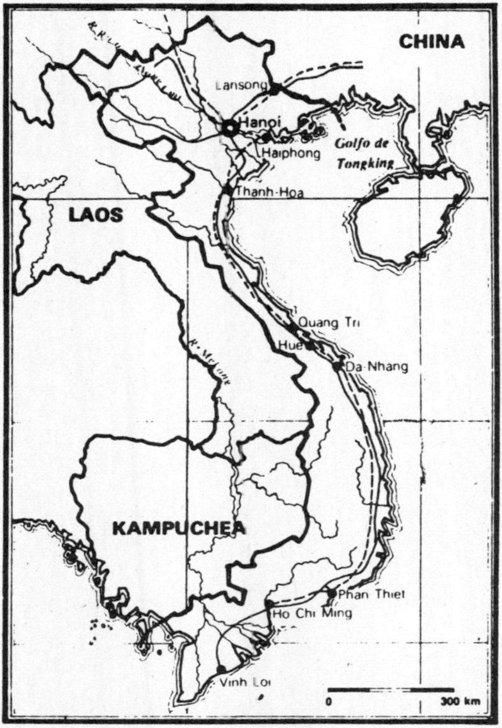
CHINA
Lansong
Hanoi
Haiphong
Golfo de Tongking
Thanh-Hoa
LAOS
Quang Tri
Hue
Da-Nhang
KAMPUCHEA
Phan Thiet
Ho Chi Ming
Vinh Loi
0
300 km

Einleitung

An die schrecklichen Bilder napalmverbrannter Kinder, bombardierter Dörfer und Deiche und brutaler Verhörmethoden, an Stichwörter wie »body count«, »Tigerkäfige« und »freie Feuerzonen« erinnern sich noch viele, doch der Schauplatz dieser Szenen ist in Vergessenheit geraten: Vietnam. Vergessen der dreißigjährige Krieg, die Zerstörungen, die Millionen Toten, der »Ökozid«, vergessen aber auch die Hoffnungen, die der erfolgreiche Widerstand gegen die antikommunistische Eindämmungspolitik der Weltmacht USA weckte in anderen Befreiungsbewegungen in Asien, Afrika und Lateinamerika, ebenso wie in der außerparlamentarischen Opposition in Industrieländern. Die großen Solidaritätsbewegungen für Vietnam sind Geschichte.

Was ist aus dem Land geworden, dessen Befreiungsbewegung einst ein Mythos war, dessen Kampf die Politisierung einer ganzen Generation begleitete, dem kleinen Land, das die westliche Führungsmacht bezwang? Vietnam heute ist ein Lehrstück für die »Mühen der Ebene«, für den schwierigen gesellschaftlichen und wirtschaftlichen Aufbau nach einem verheerenden Krieg, für den Versuch und die Rückschläge einer selbstbestimmten Entwicklung – und für die verfolgende

Rache eines Verlierers, der den verlorenen Krieg als kalten Krieg, als Wirtschaftsboykott und politische Isolierung fortsetzte. Vietnam ist aber auch ein Lehrstück für das kurze Gedächtnis westlicher internationaler Solidarität.

Uwe Hoering

Warum Vietnam?

Erich Fried
Einleuchtend

Es kann nicht sein
daß die Amerikaner
ohne Notwendigkeit
vietnamesische Kinder verbrennen

Es kann nicht sein
daß die Amerikaner
Marschall Ky unterstützen
wenn er wirklich ein Schurke ist

Sie unterstützen ihn wirklich
er kann also nicht so schlimm sein
und was er sagt
kann nicht so unrichtig sein

Er sagt wirklich
sein Vorbild ist Adolf Hitler
also kann es gar nicht so schlecht sein
wenn man Adolf Hitler zum Vorbild nimmt

Doch auch Hitler hat Kinder verbrannt
und nicht in Vietnam sondern näher
Warum also regt man sich auf
wenn die Amerikaner das tun

»Der große Sieg des vietnamesischen Volkes in Dien-Bien-Phu [1954; d. Red.] ist keineswegs nur ein Sieg für Vietnam. Seit Juli 1954 hieß die Frage, welche die Kolonialvölker sich stellten: ›Was ist zu tun, um ein Dien-Bien-Phu zu verwirklichen? Wie muß man es anfangen?‹ An der Möglichkeit dieses Dien-Bien-Phu konnte kein Kolonisierter mehr zweifeln. Die Frage war nur noch, wie die Kräfte einzuteilen und zu organisieren und wann sie einzusetzen waren. Die in der Luft liegende Gewalt verändert aber nicht nur die Kolonisierten, sondern auch die Kolonialisten, die ein vielfaches Dien-Bien-Phu auf sich zukommen sehen.«

Frantz Fanon, 1961

*

»Die Vietnam-Frage stellt sich heute im wesentlichen noch genauso dar wie im Jahre 1954, als Präsident Eisenhower erklärte: ›Ich glaube, es bedarf keiner langen und eingehenden Erörterungen, um klarzustellen, welche Bedeutung Indochina und die Kämpfe dort für die Vereinigten Staaten haben. Dieses Gebiet wurde inzwischen zum Schauplatz einer Kraftprobe zwischen einer freien Regierungsform und einer Diktatur. Ihr Ausgang wird für uns, möglicherweise sogar auf lange Zeit hinaus, von größter Bedeutung sein.‹ [...]

Heute gilt es in Vietnam zu zeigen, daß die freie Welt der bewaffneten kommunistischen Aggression Einhalt zu gebieten und den Verlust ganz Südostasiens zu verhindern vermag, einen Verlust, der die strategische Situation in Asien und im Pazifik auf Kosten unserer eigenen Sicherheit nachhaltig verändern würde. [...] Die nordvietnamesischen und chinesischen Kommunisten haben Südvietnam zum Prüffeld für ihre besondere Version des sogenannten ›nationalen Befreiungskrieges‹ erkoren.«

Robert McNamara,
US-Verteidigungsminister, 1965

*

»Warum sind wir in Südvietnam? Wir sind dort, weil wir ein Versprechen zu halten haben. Über viele Jahre hinweg haben wir als Nation uns verpflichtet, Südvietnam bei der Verteidigung seiner Unabhängigkeit zu helfen. Und ich gedenke, unser Versprechen zu halten. Dieses Versprechen zu brechen und dieses kleine und tapfere Volk seinem Feind preiszugeben – und damit dem Terror, der darauf folgen muß –, das wäre ein unverzeihliches Unrecht.

Wir sind ferner in Südvietnam, um die Ordnung der Welt zu stärken. Auf der ganzen Erde – von Berlin bis Thailand – sind Menschen, deren Wohlergehen zum Teil auf dem Vertrauen beruht, daß sie auf uns zählen können, wenn sie angegriffen werden. Vietnam seinem Schicksal zu überlassen, würde das Vertrauen in den Wert amerikanischer Versprechen erschüttern. Die Folge davon würde vermehrt Unruhe und Unsicherheit oder gar Krieg sein. Möge doch niemand glauben, daß ein Rückzug aus Vietnam den Konflikt beenden würde. Der Kampf würde in einem anderen Land – und dann wieder in einem weiteren – erneut entbrennen.«

US-Präsident Lyndon B. Johnson, 1965

»Ich werde Vietnam nicht verlieren, ich werde nicht der Präsident sein, unter dem Südostasien den Weg geht, den China ging.«

US-Präsident Lyndon B. Johnson, 1963

*

»Der Kampf des vietnamesischen Volkes ist grundlegend für die internationale Arbeiterbewegung. Eine entscheidende Konfrontation findet zwischen der internationalen Revolution und Gegenrevolution statt. Verzweifelt versucht der Imperialismus zu beweisen, daß er in der Lage ist, jede revolutionäre Bewegung zu vernichten. Unterstützt wird er hierbei von seinen eigenen internationalen Organisationen, wie zum Beispiel der aggressiven NATO. Der Sieg des vietnamesischen Volkes wäre ein epochaler Beweis für die Unüberwindbarkeit des revolutionären Volkskrieges und des Sozialismus in der ganzen Welt.«

Aufruf des SDS (Sozialistischer Deutscher Studentenbund) zum Vietnam-Kongreß, 1968

*

»Die vietnamesische Revolution zersetzte in den kapitalistischen Metropolen alle überkommenen Politik- und Moralverständnisse, streute Dynamik in überlieferte Generationskonflikte, sprengte Reste von Staatsloyalität auf, zwang Zehntausende zur Suche nach einer neuen politischen und persönlichen Identität, lieferte das gesamte Arsenal der Legitimationsideologien des ›freien Westens‹ dem historischen Mülleimer aus. Was für die wenigen Durchblickenden unter den Eltern der spanische Bürgerkrieg war, das wurde der vietnamesische Befreiungskampf für die Generation der Kinder – Lernprozeß, der keinen Stein der Sozialisation auf dem anderen ließ. Die Domino-Theorie der US-amerikanischen Konterrevolution (›wenn Vietnam fällt, dann fällt der gesamte Ferne Osten‹) wurde Wirklichkeit in dem Bewußtsein der Jugend in den Metropolen: Mit dem Glauben an die Befreiungsfunktion des US-Napalmkrieges stürzten bei einer ganzen Generation die moralischen, politischen und kulturellen Sozialisations- und Integrationsstrategien des ›freien Westens‹ wie ein Kartenhaus zusammen.«

Eckard Siepmann, 1984

*

»In einem Studentenprozeß im Sommer 1967 in Berlin fragte der Richter einen Angeklagten: ›Meinen Sie denn, daß sich in Vietnam etwas ändert, wenn Sie hier demonstrieren?‹ Die Antwort lautete: ›Nein, aber hier!‹«

Helmut Gollwitzer auf einer Vietnam-Demonstration am 27. Oktober 1967 in West-Berlin

*

»Sicher dienten uns die Befreiungsbewegungen der Dritten Welt als Projektionsbühne für alles, was wir an Vorstellungen hatten, wie sich die Welt und wie sich auch unsere Welt verändern ließe. Wir sahen: Wenige können anfangen, gegen eine Übermacht zu kämpfen. Durch den Kampf werden die wenigen mehr. Auch das ließ sich ja übertragen: Die ersten Demonstrationen wurden von ganz wenigen gemacht, und auch bei uns wurden es ja immer mehr. Und es gab noch weitere Analogien zu unserer Situation. So war ja zum Beispiel Ho Chi Minh am Anfang seiner politischen Laufbahn ein glühender Verehrer der amerikanischen Demokratie gewesen. Er hat ja einen Teil der amerikanischen Verfassung in die vietnamesische übernommen. Das traf ja auch auf uns zu. Als Kennedy starb, war die Betroffenheit der Linken hier vielleicht größer als die aller anderen. Dagegen stand die Wirklichkeit der amerikanischen Gesellschaft. Vietnam war ein Land, das eigentlich alle Unterstützung verdient hatte, und die Amerikaner gingen hin und schlugen mit einem großen Hammer alles tot [. . .] Aber heute wird die Dritte Welt gleichzeitig noch viel häufiger zur Projektionsbühne für all das, was wir nicht haben oder bei uns nicht auf die Reihe kriegen. Nach wie vor hoffen viele, daß die revolutionären Bewegungen der Dritten Welt gesellschaftliche Veränderungen hervorbringen müssen, die wir gerne haben wollen . . . «

Peter Gäng,
ab 1966 zweiter Bundesvorsitzender des SDS, 1986

*

»In dem Maße, in dem der Widerstand der Vietnamesen – zuerst gegen die französische Kolonialmacht, dann gegen die aggressive amerikanische Einmischung – die bürgerlich-intellektuelle Jugend zu politisieren begann, rief er auch unter der traditionellen, wenigstens in ihrem Selbstverständnis (wenn schon nicht in ihrer Basis) proletarisch-revolutionären Linken die Hoffnung hervor, irgendwo werde der Menschheitstraum der repressionsfreien, egalitären, aller Ausbeutung ledigen Gesellschaft wahr.

Aber wer konnte, wer sollte die Versteinerung des Kapitalismus in seinen Hochburgen auflösen? Wer war das revolutionäre Subjekt in den hochentwickelten kapitalistischen Industrienationen? Die Arbeiterklasse, wie sozialistische Theoretiker stets angenommen hatten? Wohl kaum, angesichts ihrer konsumorientierten, scheinbar festen Integration in die bürgerliche Gesellschaft. Die Studenten, Intellektuellen und die hier und da empörten Kleinbürger wären dazu ebenso wenig in der Lage wie Randgruppen der Gesellschaft. In dieser Situation richtete sich das Augenmerk auf die Befreiungsbewegungen der Dritten Welt. Was man in den Metropolen nicht zu erreichen vermochte, könnte vielleicht von dort herbeigeführt oder doch eingeleitet werden. [...]

Doch die Wirklichkeit ließ sich nicht ausschließen. Spätestens seit 1975 stellte sich die Frage, ob das sozialrevolutionäre Vietnam die es auf sich richtenden Erwartungen erfüllen könne. Als die SR Vietnam in Kampuchea einmarschierte, angeblich sozialistische Länder sich bekriegten, verwüstende Strafaktionen gegeneinander führten und viele Menschen in Booten übers Meer flüchteten, zerbarst das heile Bild. Waren die Vietnamesen unseres Engagements nicht würdig gewesen? Der Eurozentrismus unserer Hoffnungen und unserer internationalen Solidarität wurde offensichtlich.

Heute, zehn Jahre nach dem Abschluß der Pariser Verträge, die den Abzug der USA aus Vietnam besiegelten, kann eine durch Erfahrungen abgesicherte Lehre formuliert werden: Jede Heilserwartung an die sozialrevolutionären Gesellschaften der Dritten Welt ist illusionär. Ihre wirtschaftlichen, sozialen und politischen Schwierigkeiten, die nicht zuletzt auf den Hinterlassenschaften des Kolonialismus und den Auswirkungen der aktuellen Politik der Industriestaaten beruhen, sind derart groß, daß ihre eigene Existenz stets bedroht ist. Am Beispiel Vietnams nach 1973/75, aber auch Nicaraguas oder Angolas wird dies nur allzu deutlich. Ihnen können wir nicht zu unserer Entlastung die Weltveränderung aufbürden.«

Andreas Buro/Karl Grobe, 1984

*

»Die vietnamesische Regierung trägt den Namen Sozialismus, aber [...] Namen werden Rauch sofort, wenn gerade diese sozial befreienden und individuell befreienden Tendenzen sich nicht durchsetzen können. [...] Die Niederlage, die meiner Ansicht nach sich jetzt in Vietnam anzeigt, [...] die Niederlage einer sozialistischen Strömung, hat damit etwas zu tun, daß in den hochentwickelten kapitalistischen Ländern es keine soziale Veränderung gegeben hat, keine soziale Umwälzung, die es in sich hat, Krisen zu beseitigen, aber neue Möglichkeiten von Leben und menschlichen Beziehungen zu ermöglichen. Hochentwickelter Kapitalismus - wenn er weiterlebt - muß immer in den unterentwickelten Ländern Revolutionen mit sich bringen, die in sich wieder zusammenbrechen.«

Rudi Dutschke, 1979

*

»Nicaragua, Chile, Südafrika, Libanon, die Palästinenser - das sind einige besonders herausragende Punkte, an denen heute schwerwiegende Entscheidungen für die betroffenen Völker und für die Gemeinschaft aller Nationen unserer Erde fallen, an denen sich jedoch auch das Engagement all derer konkretisiert, die den Leidenden und Unterdrückten beistehen und ihre Not lindern möchten. Was ist denn aber mit Vietnam?

Die Minen, die Bombenkrater, die Vergiftung des Bodens, die Zerstörung der Wälder, die Veränderung der gesamten klimatischen Bedingungen – das sind Hypotheken, die noch für lange Zeit auf dem Land liegen. Weit schlimmer aber noch sind die seelischen und körperlichen Spätschäden dieses Krieges. Die Verstädterung, die Drogen, die Überschwemmung mit US-Konsumgütern, die Härten und Leiden der Kriegszeit – das alles ist an den Menschen nicht spurlos vorübergegangen [...]

Deshalb stehen wir zu Vietnam in einer Solidarität des Mitleidens und der Mitschuld. Gewiß, es waren die USA, die jenen Krieg führten. Aber es war die Bundesregierung, die ihn politisch und moralisch unterstützt hat. Es ist unsere Regierung, die Vietnam noch immer die zugesagten 80 Millionen DM verweigert. Es war unsere Industrie, die an der Napalmproduktion und anderen Zulieferungen für den Krieg in Vietnam verdient hat.«

Hannelis Schulte,
zweite Vorsitzende der Hilfsaktion Vietnam, 1985

Dreißig Jahre Krieg, fünfzehn Jahre Frieden

Waffenstillstand
Teilung Vietnams

Genf, 21. Juli (United Press). Heute früh, zehn Minuten vor vier, unterzeichneten je ein Vertreter des französischen Kommandos und des Kommandos des Vietminh in einem Konferenzraum im Palais des Nations die Waffenstillstandsabkommen für Vietnam und Laos . . .
Mit der Unterzeichnung der Abkommen hat Frankreich in die Teilung Vietnams und die Abtretung der reichen Nordgebiete mit zwölf Millionen Einwohnern an das kommunistische Regime eingewilligt . . . Die Abkommen umfassen folgende Punkte:
1. Waffenruhe in Vietnam und Laos.
2. Eine Demarkationslinie, die Vietnam längs des Flüßchens Ben Hai, zwischen dem 17. und dem 18. Breitengrad, in zwei Teile trennt. Der Fluß verläuft etwa 18 Kilometer nördlich der Route Coloniale 9, die Savannakhet in Laos mit Quang Tri an der Küste Annams verbindet.
3. Räumung von Nordvietnam mit seiner Bevölkerung von zwölf Millionen und der Hauptstadt Hanoi. Übergabe des Hafens von Haiphong innerhalb von zehn Monaten. [. . .]
5. Durchführung von Wahlen in ganz Vietnam bis zum Juli 1956. Die interessierten Parteien treten in der Zwischenzeit bis spätestens Juli 1955 zusammen, um die Abhaltung der Wahlen zu besprechen.

Neue Zürcher Zeitung, 22. Juli 1954

1945/46: Nach dem Zusammenbruch Japans, das die französische Kolonie Indochina 1940 besetzt hatte, und einem Volksaufstand am 2. September durch Ho Chi Minh Proklamation der Demokratischen Republik Vietnam (DRV) mit der Hauptstadt Hanoi. In der Konvention von Hanoi (6. März 1946) erkennt Frankreich Vietnam als freien Staat innerhalb der französischen Union an. Bruch des Vertrages durch Bombardierung Haiphongs im November desselben Jahres.

1954: Niederlage der Franzosen in Dien Bien Phu. Genfer Friedenskonferenz und Unabhängigkeit Vietnams, Kampucheas und Laos. Vietnam wird am 17. Breitengrad bis zur Abhaltung allgemeiner Wahlen innerhalb von zwei Jahren »vorläufig« geteilt. In Südvietnam wird Ngo Dinh Diêm Präsident (1955). Beginn der US-Militärhilfe.

1960: Gründung der Nationalen Befreiungsfront (FNL) in Südvietnam, im Westen als »Vietcong« bezeichnet. Mindestens 2000 US-amerikanische Militärberater trainieren die südvietnamesische Armee. Es wird begonnen, »freie Feuerzonen« einzurichten und die Bevölkerung in »Wehrdörfer« umzusiedeln.

1963: Proteste buddhistischer Mönche in Südvietnam, Diêm wird schließlich vom Militär gestürzt (November).

1964: Seit zwei Jahren sind die USA im Süden direkt militärisch engagiert; ihre militärische Präsenz ist inzwischen auf 50000 Mann gestiegen.

Januar 1968: Tet-Offensive

Ich faltete die »New York Times« auseinander und sah die Meldung. Sie besagte, daß zwei Stunden nach Beginn des Tet, des vietnamesischen Neujahrsfestes, 17 Vietkong die amerikanische Botschaft angegriffen hatten. Mit Panzerabwehrraketen B 40 und mit 35-Zoll-Bazookas hatten sie ein Loch in die Umfassungsmauer gesprengt, waren in den Garten eingedrungen und hatten das Gebäude bis zum Morgen beherrscht. Um neun Uhr war der Kampf aus, und die 17 Vietkong waren tot. Aber Kämpfe gab es überall in der Stadt. Am nächsten Tag waren die Meldungen noch schlimmer. Es handelte sich gar nicht um einen Angriff auf Saigon allein, sondern um eine koordinierte Offensive großen Stils. In Da Nang wurde getötet, in Dalat, in My Tho, in Hué, in 35 Städten Vietnams. Die Fernsehbilder zeigten Straßen, die nur noch Trümmerhaufen waren, brennende Häuser, Haufen blutiger Leichen, restlos zerstörte Pagoden. Und die fürchterlichste Fotografie zeigte jemanden, den ich recht gut kannte, General Loan, wie er einen Vietkong erschoß, dem die Hände gebunden waren.

Oriana Fallaci

Nun dient ihnen der »Tonking-Zwischenfall« (August) als Vorwand für die Bombardierung Nordvietnams. In den nächsten drei Jahren wächst ihre Truppenstärke auf mehr als eine halbe Million; dazu kommen Truppen aus Australien, Südkorea und Thailand. Nordvietnam wird verstärkt von der Sowjetunion und China unterstützt.

1967: Nach mehreren Militärrevolten wird General Nguyen Van Thieu Staatsoberhaupt von Südvietnam.

Januar 1968: Die Tet-Offensive der FNL wird zum politischen Wendepunkt des Krieges: Zahlreiche Städte und Militärstützpunkte werden überrannt, die ehemalige Kaiserstadt Hue ist mehrere Tage lang in den Händen der FNL. Im Mai beginnen Friedensgespräche in Paris.

1968: Massaker von My Lai (Son My; 16. März). »Operation Phönix« soll durch systematischen Terror die Unterstützung der Landbevölkerung für die FNL brechen.

1969: Ho Chi Minh stirbt am 3. September in Hanoi. Gegen Jahresende ziehen die ersten US-Kampftruppen ab.

1970: Ausweitung des Krieges auf Kampuchea durch amerikanische und südvietnamesische Truppen, um den Nachschub der FNL über den »Ho-Chi-Minh-Pfad« abzuschneiden.

27. Januar 1973: Nach fast fünfjährigen Verhandlungen wird in Paris ein Friedensabkommen von den

Washington und Saigon prüfen Bericht über Massaker in Vietnam

Saigon, 19. November (AP). Die amerikanische und die südvietnamesische Regierung untersuchen gegenwärtig ein Massaker, bei dem, wie berichtet, amerikanische Soldaten im März 1968 im Norden Südvietnams Hunderte von Dorfbewohnern grundlos erschossen haben sollen.
Ein Sprecher der südvietnamesischen Regierung bestätigte am Mittwoch in Saigon die Tatsache der Untersuchung und gab weiter bekannt, Staatspräsident Nguyen Van Thieu erwarte noch einen ausführlichen Bericht des Chefs der Provinz Quang Ngai. Nach Aussagen von Augenzeugen sind in den Küstensiedlungen Tu Cung und My Lai zwischen 370 und 567 Südvietnamesen – Männer, Frauen und Kinder – erschossen worden. Die US-Armee hat gegen den 26jährigen Oberleutnant William Calley ein Ermittlungsverfahren wegen Mordes eingeleitet; gegen den 29jährigen Feldwebel David Mitchell wird wegen tätlichen Angriffs mit Tötungsabsicht ermittelt.

Die Welt, 20. November 1969

USA und der DRV unterzeichnet. Abzug der US-Kampftruppen. In Südvietnam geht der Krieg jedoch weiter.

Mai 1975: Nachdem Einheiten der FNL und der DRV in Saigon einmarschiert sind, übernimmt die bereits am 10. Juni 1969 ausgerufene Provisorische Revolutionsregierung die Macht. Nach landesweiten Wahlen wird am **25. Mai 1976** die Wiedervereinigung verkündet und am 2. Juli die Sozialistische Republik Vietnam (SRV) mit der Hauptstadt Hanoi ausgerufen.

1978: Im Zuge der »beschleunigten sozialistischen Umwandlung« wird jeder private Handel verboten, wodurch der Konflikt mit der chinesischen Minderheit eskaliert. Dürre und Mangel an Arbeitskräften führen zu einer ernsten Wirtschaftskrise. Die Sowjetunion liefert Lebensmittel, China stellt dagegen seine Wirtschaftshilfe ein. Sowjetisch-vietnamesischer Freundschaftspakt (November). 25. Dezember: Beginn der Offensive gegen Kampuchea.

1979: Am 17. Februar antwortet China mit einer »Strafaktion« an Vietnams Nordgrenze. Die Versorgungskrise in der SRV verschärft sich. In Kampuchea stehen rund 200 000 vietnamesische Soldaten im Kampf zur Unterstützung der neuen Regierung in Phnom Penh, die jedoch von der UN-Vollversammlung und den meisten westlichen Ländern nicht anerkannt wird. Der Westen und die ASEAN-Länder verhängen einen Handelsboykott über Vietnam.

1982: Auf dem 5. Parteitag der vietnamesischen KP in Hanoi werden wirtschaftspolitische Fehler und die wachsende Korruption kritisiert und vorsichtige Wirtschaftsformen eingeleitet. Diese Entwicklung setzt sich auf dem 6. Parteitag (Dezember 1986) verstärkt fort: »Reformfrühling«.

1988/89: Naturkatastrophen, schlechte Ernten und niedrige Erzeugerpreise führen zu Nahrungsmittelknappheiten. »Doi moi« (Perestroika auf vietnamesisch): Die Landwirtschaft wird reprivatisiert. Privatunternehmen sind wieder zugelassen. Ein Investitionsgesetz soll ausländisches Kapital anlocken.

1989: Bis zum 30. September zieht Vietnam den letzten Soldaten aus Kampuchea ab.

Ein Land kommt in Verruf

»Menschenhandel mit Chinesen. Massenexport von Menschen, die sich nicht einfügen lassen oder sich nicht einfügen wollen in die sozialistische Gesellschaft Vietnams. Menschen, die übers Meer treiben. Menschen, die für die Nußschalen, in denen sie treiben, teuer haben bezahlen müssen – alle mit Geld, fast die Hälfte mit ihrem Leben. Sie kommen in Europa und den USA auf den Flugplätzen an. Sie versuchen, in zerbrechlichen Schiffen in Japan oder Hongkong an Land zu gehen. Manche Politiker empfangen sie mit viel Presse und Kameras, andere wehren sich verzweifelt gegen ihre Aufnahme. Die vietnamesische Regierung treibt internationalen Menschenhandel, weil sie ihre politisch brisanteste Minderheit, die chinesische, nicht anders loswerden zu können glaubt.«

Freimut Duve, 1980

Exodus

Der Exodus Hunderttausender Menschen aus Vietnam seit Kriegsende 1975 hat das Land bei uns in Verruf gebracht und selbst die einstigen Befürworter des vietnamesischen Befreiungskampfes in aller Welt entzweit. Die Vorwürfe sind die folgenden:

1. Die vietnamesische Führung mißachte Menschenrechte, indem sie Zehntausende ohne Prozesse in Umerziehungslagern interniert halte.
2. Sie verbreite bei der Umorganisierung von Wirtschaft und Gesellschaft im Süden Angst.
3. Sie vertreibe Andersdenkende und lasse sich deren Fluchtmöglichkeit bezahlen.
4. Sie nehme die Gefährdung des Lebens von Flüchtlingen in Kauf, die auf seeuntüchtige Boote angewiesen bleiben.
5. Sie betreibe vor allem gegenüber der chinesischen Minderheit eine rassistische Politik der Vertreibung.
6. Sie habe ein neues Kriegsabenteuer mit dem Nachbarland Kampuchea gesucht und verstärke so die wirtschaftlichen Nöte des vietnamesischen Volkes.
7. Sie habe sich zum Handlanger sowjetischer Großmachtpolitik gemacht.

Die Vorwürfe gipfeln in der Forderung: »Hilfe für die Vertriebenen und nicht für die Vertreiber!«

Gegen diese Parole setzt die seit über zehn Jahren in Vietnam engagierte Kinderhilfsorganisation »terres des hommes« die Feststellung:

Die beste Maßnahme gegen den Flüchtlingsstrom aus Vietnam ist die Hilfe für die Menschen in Vietnam!

Klaus Jürgen Schmidt

Vietnamesen ertrinken

Vor zehn Jahren schrieb ich über Amerikas Taten
in einem Gedicht, das ich
Aufzählung nannte:

»Fünfhundertsiebenundsechzig alte Männer und
Kinder und Frauen
erschossen in einem Dorf,
das My Lai heißt oder Song My...
und elfhundert Frauen und Kinder
aus einem Ort an der Küste
auf Dschunken ins Schlepptau genommen
und auf die See gebracht,
bis die Dschunken kenterten,
und dann die Taue durchschnitten,
und die noch schwammen,
mit Maschinenpistolen erledigt.«

Heute kentern wieder Dschunken auf hoher
See...
Und alle Regierungen –
die Vereinigten Staaten, China, Malaysia,
Thailand, Singapore, und so weiter, und auch die
Regierung Vietnams –
beteuern laut ihre Unschuld;
und eine Regierung gibt der anderen die Schuld,
und die Menschen in ihren Booten ertrinken

noch immer genau so wie vor zehn Jahren
die elfhundert Frauen und Kinder.

Wer ist schuld?

Mein Freund Peter Weiß hat erklärt:
»Vietnam ist *nicht* schuld«
und hat viele Gründe gegeben.
Ich glaube fast alle,

aber *ganz* überzeugt bin ich doch nicht:
Niemand ist *ganz* frei von Schuld
an diesen Ertrunkenen.

Sind also alle *gleich* schuldig?
– Ich glaube nicht. –
Die Vereinigten Staaten,
die Vietnam mit Sprühgift unfruchtbar machten
und Millionen zu Schwarzhändlern, Dirnen,
Verbrechern erzogen,
und die die viereinhalb Milliarden Dollar,
die Henry Kissinger, der Friedens-
Nobelpreisträger,
für den Wiederaufbau versprach,
dann einfach nicht zahlten –
sollten die nicht schuldiger sein als

das neue Vietnam,
das ohne diese Hilfe soviel nicht bewältigen
konnte?

Oder China,
das die lautesten Schimpfreden führt und sich
anschickt,

schon zum zweiten Mal Krieg gegen Vietnam zu beginnen,
den es nennt: »Vietnam eine scharfe Lektion erteilen!«
Dieses China, das Vietnamesen chinesischer Sprache
verschreckt und zur Flucht aufgehetzt hat,
soll unschuldig sein?

Und wir in Europa,
die nur an die Flüchtlinge denken
und nicht an das Unglück Vietnams,
obwohl dieses halbe Europa Amerika half in seinem Vietnamkrieg,

oder

sich *neutral* erklärte und stillhielt,
wie steht es um *unsere* Schuld?

Nein, schuldlos ist keiner,
und jeder, der sich selbst freispricht,
verklagt sich selbst: auch das Vietnam von heute
mit seiner Einstufung und Reglementierung von Menschen. –
Aber seine Schuld ist um vieles geringer
als die alte Schuld des Westens
und als die neue Schuld Chinas.

So wie es Spätheimkehrer gab nach dem Krieg,

so gibt es auch später Opfer –
und diese Frauen und Kinder,
die ertrinken

und deren Tod durch nichts
entschuldigt sein kann,
sind späte Opfer des alten Vietnamkrieges und
des Treubruchs
von Politikern, die Wiedergutmachung
versprachen
und die ihr Versprechen brachen
und die Wieder*schlecht*machung fördern,

die nicht dadurch gut gemacht wird,
daß wir jetzt Flüchtlingen helfen.

Erich Fried

»Die hauen doch vor dem Kommunismus ab!«

Motiv: Angst vor Vergeltung

Als für die Amerikaner nichts mehr zu retten war, brachten sie mit Flugzeugen und in den letzten Stunden mit Hubschraubern vietnamesische Mitarbeiter und deren Familien außer Landes (130 000). Es folgten in der ersten Nachkriegsphase im Stich gelassene Angehörige der 500 000-Mann-Armee des Saigoner Regimes, der Beamten-Hierarchie, des Polizei-Apparates. Als das vorausgesagte Blutbad der Kommunisten ausblieb und statt dessen 100 000 Ex-Offiziere und -Funktionäre in Umerziehungslager gebracht wurden, machte sich neue Angst breit - geschürt durch (dokumentierte) Radio-Propaganda von Geheimsendern: »Wir lassen unsere Freunde nicht im Stich - vor der Küste warten unsere Schiffe!«

Motiv: Keine Chancen mehr für Nutznießer des alten Systems

Allein zwischen 1954 und 1966 pumpten die USA 8,5 Milliarden Dollar nach Südvietnam. Sie bezahlten 86 Prozent des Militärhaushalts und 74 Prozent des Wirtschaftsbudgets. Das Geld landete nach amerikanischen Untersuchungen nahezu vollständig in privaten Taschen (US-Senator Robert Kennedy 1968: »Wir wissen seit Jahren, daß die Korruption in Südvietnam allgegenwärtig ist«). Es profitierte nicht nur die Oberschicht, sondern auch der kleine Händler auf dem Schwarzen Markt. Auch er war betroffen, als nach der Befreiung der Nachschub an Konsumartikeln ausblieb und die Befreier das System von Konsum- auf Bedarfswirtschaft umstellten.

Motiv: Chinesische Minderheit
Hauptbetroffene von dieser Umstellung waren im Frühjahr 1978 die chinesischen Händler, als das neue Regime drei Jahre nach Kriegsende den Reishandel verstaatlichte. Sie hatten 80 Prozent der südvietnamesischen Geldwirtschaft und vor allem den Reishandel beherrscht. Vor dem Hintergrund des wachsenden Konflikts zwischen Hanoi und Peking hatten die Nachfolger Mao Tsetungs mit massiver Propaganda die Furcht auch der chinesischen Kleinhändler vor Repressalien der neuen vietnamesischen Machthaber geschürt. 160 000 machten sich auf den Weg in die chinesische Volksrepublik, 50 000 wählten den lebensgefährlichen Weg über das Meer. Im sozialistischen Vietnam gibt es keine Perspektive mehr für privates Gewinnstreben.

Motiv: Hoffnung auf Alternativen
Der Luftkrieg der Amerikaner und ihrer südvietnamesischen Söldnerarmee hat in einer Dekade zu einem bei uns kaum wahrgenommenen Flüchtlingsproblem innerhalb Südvietnams geführt. Millionen Menschen flohen vor den Bomben in die Städte oder wurden in »strategische Wehrdörfer« umgesiedelt. Saigon beispielsweise, einst geplant für nicht mehr als 400 000 Einwohner, beherbergte am Ende des Krieges vier Millionen! In Zentralviet-

nam waren Anfang 1966 schon eine Million Menschen in Flüchtlingslagern untergebracht. Hunderttausende Bergbewohner wurden in KZ-ähnliche »Wehrdörfer« vertrieben - Menschen, die einst in der Landwirtschaft arbeiteten. Die Befreier sahen sich mit zwei Hauptproblemen konfrontiert: Massenarbeitslosigkeit in den Städten auf der einen, Mangel an Arbeitskräften im notwendigen Reisanbau auf der anderen Seite. Aber die Felder sind übersät mit Minen und Blindgängern, einst fruchtbare Landstriche sind verbrannt und vergiftet! In »Neuen Ökonomischen Zonen« muß ganz von vorn angefangen werden - das bedeutet härteste körperliche Arbeit für Menschen, die das sozialistische Regime für die neue Entbehrung verantwortlich machen.

Motiv: Hunger

Nichts hatten die Amerikaner unversucht gelassen, die vietnamesische Befreiungsfront in die Knie zu zwingen - heute kämpft das befreite Land mit den Folgen: Vergiftetes und verbranntes Land, zerbombte Deiche und Bewässerungsanlagen - die entblößte Erde ist in der Monsunzeit den Regenstürmen und in der Trockenzeit der Dürre ausgeliefert. Die für den Reisanbau unentbehrlichen Zugtiere, die Wasserbüffelherden, waren gezielt zusammengeschossen worden. Der Fischfang ist um die Hälfte reduziert - 5 000 gestohlene Fischerboote fordern ihren Tribut. Während der schlimmen Zeit des Krieges standen den Kämpfern pro Monat 15 bis 18 Kilo Reis zur Verfügung, heute ist für jeden eine Ration von drei Kilo das Maximum!

Klaus Jürgen Schmidt

Ein vietnamesischer Gulag?

Schon lange vor dem Fall Saigons war von westlichen Politikern, entsprechend kolportiert von westlichen Medien, die Erwartung geäußert worden, daß nach einem Sieg der »vietnamesischen Kommunisten« die Freiheit in einem Blutbad ertränkt werden würde. Obwohl das Blutbad nicht stattfand, waren mit diesen Prognosen doch die antikommunistischen Vorurteile wieder mobilisiert. Ihnen zufolge muß sich jede sozialrevolutionäre Bewegung, unter sozialistischem oder kommunistischem Vorzeichen zur Macht gelangt, grausamer stalinistischer Methoden der Unterdrückung und Vernichtung von Feinden bedienen.

Der Fernsehjournalist Peter Scholl-Latour [...] spricht von den »Moorsoldaten« des Südens und davon, daß die »Umerziehungslager« in Vietnam dem sowjetischen Archipel Gulag glichen. Obwohl er berichtet: »Die Häftlinge werden vor allem zu Rodungsarbeiten in den sogenannten ›neuen Wirtschaftszonen‹ eingesetzt, das heißt, sie sollen Neuland urbar machen ...« und meldet: »... die Fälle von Brutalität und Mißhandlung sollen relativ selten sein«, schlußfolgert er: »Der ›Sozialismus‹ mit dem menschlichen Antlitz hat auch hier keine Heimat gefunden ...« (Die Welt, 8. Januar 1977)

Ganz im Sinne der Gewinnung einer Massenbasis für die sozialrevolutionäre Umwälzung und den nationalen Befreiungskampf hat die Befreiungsbewegung in Vietnam die Menschen im Saigoner Herrschaftsbereich durch das Angebot einer Politik der nationalen Versöhnung, deren Kernstück die Nicht-Bestrafung früherer feindlicher Tätigkeit war, von ihrer Sache zu überzeugen versucht. Die Politik der nationalen Versöhnung beruhte nicht allein auf humanitären Gesichtspunkten. Sie enthielt das Argument, nach Möglichkeit alle Kräfte in den sozialrevolutionären Umgestaltungsprozeß einzubeziehen und dadurch einen kräfteverschleißenden und aufbauhemmenden Kampf im eigenen Lande zu vermeiden. Diese Politik läßt sich in sechs Punkten zusammenfassen:

1. Grundsätzliche Straffreiheit für alle Taten aus der Zeit vor dem April 1975. Alle sollten die Chance haben, sich wieder in die Gesellschaft zu integrieren.

2. Allen Kadern der siegreichen Bewegung wurde auferlegt, sich nicht als Sieger zu verhalten, sondern die Rechte und Freiheiten aller Vietnamesen zu respektieren, sich nicht an fremdem Eigentum zu vergreifen und sich freundlich und hilfsbereit zu verhalten.

3. Die sozialrevolutionäre Politik sollte der Bevölkerung erklärt werden, um hierdurch auch organisatorische Strukturierungen und Einbindungen zu erreichen.

4. Alle Soldaten, Polizisten und Beamten des alten Regimes sollten sich freiwillig registrieren lassen und dann je nach ihrer früheren Tätigkeit

kürzere oder längere Schulungskurse durchlaufen, in denen Unterricht und körperliche Arbeit miteinander verbunden sein würden. Potentielle Führer konterrevolutionärer Ansätze sollten dadurch zunächst isoliert werden, bis die Umstellungssituation überwunden wäre. Die Verbindung zu den Familien sollte aufrechterhalten werden.

5. Bei allen zu ergreifenden Maßnahmen sollte die Bevölkerung weitgehend einbezogen werden, um ihre Gesichtspunkte aufnehmen und zumindest unnötige Reibung vermeiden zu können.

6. Schließlich wurden für konterrevolutionäre und zivile Straftaten, verübt nach dem April 1975, härteste Strafen angedroht.

Trotz vieler Schwierigkeiten im einzelnen stellt die von der vietnamesischen Befreiungsbewegung praktizierte Politik der nationalen Versöhnung zur Beendigung des Bürgerkriegs eine menschlich und politisch außerordentliche Leistung unter schwierigsten Verhältnissen dar. Auch strikt antikommunistische Kritiker der vietnamesischen Kommunisten wie etwa der schon erwähnte Scholl-Latour räumen ein, daß durch diese Politik ein Blutbad vermieden werden konnte. Doch wird von ihnen gerade die Komponente der Politik, die dies ermöglichte, nämlich die Umerziehung der früheren Bürgerkriegsgegner, zur neuen Tyrannis erhoben.

In der Tat sind nach dem April 1975 viele Hunderttausende Südvietnamesen durch die Umerziehungskurse gegangen. Die meisten von ihnen sind schnell entlassen worden. Zwischen 50 000 und 100 000 wurden jedoch über längere Zeit in Lagern festgehalten. Bei ihnen handelt es sich in der Regel, aber nicht immer, um Funktionäre und Offiziere der früheren Saigoner Regierung. Ursprünglich glaubte die neue Administration, auch bei ihnen mit einer kürzeren Internierungsdauer auskommen zu können. Das hätte indes eine günstige wirtschaftliche Entwicklung und eine nach außen konfliktfreie Situation vorausgesetzt. Beides war nicht gegeben.

Entgegen den Behauptungen, wie sie mit der Formel vom »vietnamesischen Gulag« suggeriert werden, in Vietnam handele es sich um stalinistische Arbeitslager, läßt sich ein solcher Tatbestand bisher nicht glaubhaft nachweisen. Zwar wird den Insassen schwere körperliche Arbeit zugemutet, sie wird aber auch von dem größten Teil des vietnamesischen Volkes verlangt.

Unsere grundsätzlich positive Beurteilung der Politik der nationalen Versöhnung übersieht nicht die schweren Belastungen und Ungerechtigkeiten für einzelne. Sicher hat es auch schwere Verstöße gegen die Menschenrechte gegeben. Systematische Menschenrechtsverletzungen dagegen sind bisher nicht nachgewiesen worden.

Andreas Buro/Karl Grobe

Befreier oder Besatzer?

»Das Land, das sich so lange erfolgreich gegen fremde Mächte zur Wehr gesetzt hatte, wurde selbst zur Besatzungsmacht, zum Eroberer statt zum Befreier«, verurteilte Anfang der achtziger Jahre scheinheilig ein Bonner Diplomat Vietnam. Was war geschehen?

Am 25. Dezember 1978 waren vietnamesische Soldaten im benachbarten Kambodscha einmarschiert, hatten das Regime der Roten Khmer unter Pol Pot vertrieben und eine neue Regierung eingesetzt. Hanoi rechtfertigte die Invasion mit dem Grenzkonflikt, den das Pol-Pot-Regime angezettelt habe. Aber auch humanitär. Denn nachdem die Roten Khmer im April 1975 mit vietnamesischer Hilfe die von den USA gestützte Regierung Lon Nol vertrieben hatten, errichteten sie im Namen des Aufbaus einer neuen Gesellschaft ein Terror-System, dem Hunderttausende von Kambodschanern zum Opfer fielen. Aus den einstigen Verbündeten wurden erbitterte Gegner. Vietnam orientierte sich zunehmend an der Sowjetunion, China unterstützte die Roten Khmer.

Auch die Solidaritätsbewegung spaltete sich an der Kambodscha-Frage. »Vietnam half einem Volk, das – wie seinerzeit die Deutschen bei der Überwindung des Nazi-Regimes – zur Selbstbefreiung allein nicht fähig war«, verteidigte der Journalist Klaus Jürgen Schmidt den Einmarsch. Andere interpretierten ihn als Fortsetzung einer jahrhundertelangen »Expansion Vietnams« - das fruchtbare, dünn besiedelte Kambodscha könnte für Vietnams wachsende Bevölkerung Reiskammer und Siedlungsgebiet sein.

Außenpolitisch und wirtschaftlich wurde der Einmarsch für Vietnam zum Desaster. China schickte 600 000 Soldaten auf eine »Strafexpedition«, die den Norden Vietnams verwüstete. Westliche Regierungen nutzten den Anlaß, um zugesagte Wiederaufbauhilfe zu stoppen und das Land zu isolieren. Aus Furcht vor dem »Großen Drachen« China und verstrickt in einen Dschungelkrieg mit Guerilla-Verbänden kambodschanischer Exilorganisationen, die von Thailand aus operieren, verschlingt die Armee gewaltige Mittel, die für den Wiederaufbau fehlen. Ob nun Befreier oder Besatzer - die Präsenz in Kambodscha wurde zu einem Stein um den Hals Vietnams.

Im Herbst 1989 hat Vietnam seine Truppen aus Kambodscha abgezogen.

Uwe Hoering

Erfahrungen mit dem Frieden

»Wir wußten nur, wie man Krieg führt; mit dem Frieden haben wir keine Erfahrung. Es reicht nicht aus, sich immer wieder zu bestätigen, daß wir heroisch gegen den Feind gekämpft haben und stolz sein können, zwei große imperialistische Mächte besiegt zu haben. Stolz ist schön und gut, doch der Aufbau einer Gesellschaft ist etwas anderes. Und weil wir damit keine Erfahrung haben, haben wir viele politische Fehler und Irrtümer bei der Verwaltung begangen.«

Xuan Oanh,
Vorsitzender der Gesellschaft für Frieden und Solidarität, 1987

Ho-Chi-Minh-Stadt, November 1987

Auf das Oberdeck des einstigen US-amerikanischen Truppentransporters, der am Ufer des Saigon-Flusses vertäut ist, führt eine schmale, steile Holzsteige. Vorbei am Untergestell eines Flugabwehrgeschützes, an Schornsteinen und Entlüftungsrohren, gelangt man in eine schummrige, etwas schmuddelige Bar mit dezenter westlicher Musik. Das teuerste Getränk ist Coke, das billigste vietnamesischer Wodka, auf den Tischen viele geleerte Flaschen »Bia Saigon«, ein hopfenloses Getränk, das nur entfernt an Bier erinnert.

Das Café auf dem obersten Deck ist schwach beleuchtet durch eine Kette bunter Lämpchen. Gäbe es drüben auf der anderen Seite des Flusses, die in tiefes Dunkel getaucht ist, noch Scharfschützen wie zur Zeit des Krieges, man säße hier auf dem Präsentierteller.

Überall in Ho-Chi-Minh-Stadt hat man gelernt, die Überbleibsel der gewaltigen Kriegsmaschinerie, mit der die Weltmacht USA einst die vietnamesische Befreiungsbewegung zermalmen wollte, zu nutzen. Reifenflickern am Straßenrand dienen alte Ami-Helme als Wasserschüsseln, einige alte Sattelschlepper und Armeelastwagen rattern durch die Straßen, auf Baustellen baggern Bagger mit verblassenden US-amerikanischen Aufschriften, und rostige Granaten sind an Schlagbäumen nützlich als Gewichte. Die riesige frühere US-Botschaft beherbergt heute die Behörde für Erdölförderung, den neuen Hoffnungsträger für Vietnams maroden Außenhandel.

Auf dem breiten Bürgersteig vor der An-Quang-Pagode spielt eine Gruppe Jungen Fußball. Einer überragt seine Spielkameraden um Haupteslänge, ein dunkelhäutiger Hüne, ein »Kind des Straßenstaubs«, wie die Vietnamesen schätzungsweise 20 000 *Amerasier* abfällig nennen. Ihre Zahl sinkt, seit die US-amerikanische Botschaft in Bangkok sich um eine »Heimführung« dieser Mischlingskinder bemüht.

Zu denen, die der Vergangenheit ihr Leben lang nachtrauern werden, gehört Minh. »Früher war Saigon lebendiger, und die Menschen waren glücklicher«, schwärmt er. Seit die Zahl der Westtouristen wächst, kann er wieder die paar Brocken Englisch anbringen, die er während seines zweijährigen Dienstes bei der südvietnamesischen »Marionettenarmee« aufgeschnappt hat. Die »Lien Xo«, die Russen und deren sozialistischen Brüder, die die Amis abgelöst haben, ohne ihre Dollar ersetzen zu können, trauen sich nicht in seine Rikscha, wie er verächtlich kundtut.

Für Minh brachte das Kriegsende – er sagt nicht: »Befreiung« – den nicht ganz freiwilligen Neuanfang in einer der »Neuen Wirtschaftszonen«. Sie sollten die Stadt entlasten, auch vom Unruhepotential der einstigen Kollaborateure und Nutznießer der US-Präsenz, aber auch die miserable Versorgung mit Grundnahrungsmitteln verbessern.

Die Landarbeit, so gesteht Minh grinsend, lag ihm nicht. Außerdem fehlten Geräte, Saatgut,

Dünger. So kehrte er schon bald nach Ho-Chi-Minh-Stadt zurück. Für 200 Dong täglich leiht er sich jetzt »von einem Freund« eine Rikscha.

Doch Rikschafahren ist für ihn eher ein Vorwand. Einträglicher ist seine Nebenbeschäftigung, der Verkauf von ausländischen Zigaretten Marke »555« oder von Dollar, die er den Touristen aus dem Westen statt Bezahlung in Dong für eine Rundfahrt durch Cholon, das quirlige Chinesenviertel der Stadt, abhandelt.

Am Sonntagnachmittag dreht die Stadt, die einmal Saigon hieß, auf wie die Hondas, die den Boulevard Le Loi hinunterpreschen. Die Mopeds sind die Elitemobile des Privatverkehrs, Autos gibt es kaum. In dem betulichen Heer von Fahrrädern sind sie die Vorboten der neuen Zeit: schnell, laut, rücksichtslos.

Der Boulevard zwischen dem Nationaltheater und dem Ben-Thanh-Markt ist vierspurig: Die beiden äußeren Spuren gehören den Zweirädern, die inneren den Vierrädern. Jugendliche spielen dort Fußball, denn Busse, Laster und Personenwagen sind selten. Wenn ein Bus gemächlich und überfüllt heranbrummt und erbarmungslos schwarze Abgasschwaden aus seinem Auspuff am Dach in den blauen Himmel stößt, räumen die Fußballer kurz das Feld. Wie Dinosaurier eines vergangenen Zeitalters wirken die Busse und Lastwagen, manche scheint nur der Rost zusammenzuhalten.

An den Kreuzungen verknäueln sich trotz der Ampeln die Fahrrad- und Mopedströme ineinander – ein Gewühl slalomfahrender Stoiker. Es geht die Mär, daß vor ein paar Jahren Vopos aus der DDR anreisten, um den Saigoner Radlern eine

Lektion preußischer Verkehrsdisziplin zu verpassen. Nach zehn Wochen sollen sie das Handtuch geworfen haben. Das Radelchaos obsiegte.

Ordnung herrscht dagegen vor dem Ben-Thanh-Markt. Hunderte von Fahrrädern stehen dort in Reih und Glied wie aufgefädelt. Sorgfältig von ihnen getrennt sind die Hondas, Yamahas und Vespas auf einem extra Parkplatz aufgereiht.

Um den überdachten Ben-Thanh-Markt herum blüht auf den Bürgersteigen unter der Regie der Frauen der Kleinhandel mit Obst und Gemüse. Rätselhaft, wie sich Behördenangestellte mit ihrem Lohn von 8 000 Dong ein Kilo Apfelsinen für 800 leisten können. Und doch gehen die Apfelsinen weg wie die warmen Baguettes und die dampfenden und duftenden Nudelsuppen. Die Baguettes erleben gerade eine Renaissance, nachdem sie nach 1975 fast ganz aus den Läden verschwunden waren. Vietnam gibt sogar kostbare Devisen aus, um Weizen für die knusprige Hinterlassenschaft der Franzosen zu importieren.

Ein paar Straßen weiter in Richtung Saigon-Fluß ist der Elektromarkt, ein Umschlagplatz für Schmuggelware aus Thailand und Geschenksendungen von Exilvietnamesen an ihre zurückgebliebenen Verwandten. Ventilatoren, Mixer, Walkmen, Video-Kassetten, Ghetto-Blaster - fast alles made in Japan - werden am Sonntagnachmittag von vielen bestaunt und bewundert. Um die Ecke werden die Hondas und Yamahas angeboten - mit dem stolzen Preis von 200 000 Dong wahrhaftig Luxus auf zwei Rädern.

Während so die Cleveren, die schon wieder oder immer noch die besseren Beziehungen haben, und die vormals Reichen, die ihr Gold jahrelang vor der Verstaatlichung versteckt haben, große Geschäfte machen, kämpft die Masse der Saigonesen nach wie vor ums Überleben. Kein Akademiker oder Behördenangestellter, keine Lehrerin oder Krankenschwester kommt angesichts der dreistelligen Inflationsraten mit ihrem kargen Monatslohn über die Runden. Eine Nebenbeschäftigung im Straßenhandel oder Kleingewerbe, Weiterverwertung von Schrott und Abfall oder Selbstversorgung durch Hühnerhaltung und Gemüseanbau hinter dem Haus – das ist die tägliche Akrobatik der Bevölkerungsmehrheit, um den Anschluß nicht zu verlieren. Trotzdem sind Zigtausende erwerbs- und obdachlos.

So haben der Rikschafahrer Minh und seine Heimatstadt einige Gemeinsamkeiten: Für beide brachte die Befreiung einen abrupten wirtschaftlichen Abstieg. Doch der Ex-Soldat, ebenso wie die Ex-Hauptstadt, haben trotz Sozialismus und Verstaatlichung längst wieder Wege und Mittel gefunden, ihre Geschäfte zu machen, legal, halblegal, illegal. Minh ist eines der vielen Rädchen, durch die Ho-Chi-Minh-Stadt wieder zur Drehscheibe von Handel und Schmuggel, von Geschäft und Schwarzmarkt geworden ist, zur Spielwiese von Profiteuren und Inflationsgewinnlern.

Uwe Hoering/Christa Wichterich

20 Marlboro = ½ Monatslohn

Was die Diplomaten aus ihren Gesprächen mit Hanois Regierenden heraushören, wird auf der Straße inzwischen unverblümt ausgesprochen. »You American?« fragt der zahnlose Rikschafahrer die Fremden, die neugierig durch das Tor und über den rostigen, dicken Stacheldraht auf die Baracken schauen, in denen während des Krieges die über Nordvietnam abgestürzten amerikanischen Piloten gefangengehalten wurden. Und wenn? »So good have American in Hanoi«, nuschelt der alte Mann in holprigem Englisch.

Noch schieben sich in der Rush-hour Zehntausende von Fahrrädern und Rikschas Lenkstange an Lenkstange über die von den französischen Kolonialisten breit angelegten Straßen der Hauptstadt. Aber die Menschen haben mit Strampeln immer weniger im Sinn. Die Zukunft liegt für die Radfahrer von Hanoi in einem einzigen Five-letter-word: Honda. Doch die wenigen Motorräder im Straßenbild von Hanoi, die Videoanlagen, die Fernseher und Taschenrechner in den Auslagen sind kein Indikator für einen noch so bescheiden wachsenden Wohlstand. Die technologischen Wunderspielzeuge aus Japan und den westlichen Industrieländern kommen als Geschenke von den im Ausland lebenden Familienangehörigen nach Vietnam.

In der Hauptstadt der sozialistischen Volksrepublik hat die Liberalisierung der Wirtschaft und die vorsichtige Genehmigung des privaten Handels zwar jede Menge Verkäufer geschaffen. Was fehlt, sind jedoch die Kunden. Mehr als sehnsüchtige Blicke auf die Glitzerangebote kann sich kaum einer leisten. Der zweite Blick auf das quirlige Straßenbild legt bittere Armut und im wahrsten Sinn des Wortes oft nacktes Elend bloß.

Not macht erfinderisch, auch in Vietnam. Was andernorts die Tankstelle ist, ist hier in Hanoi der Fahrradmechaniker, der mit einer großen Luftpumpe und Reifenflickzeug an der Ecke auf den nächsten Radler »en panne« wartet. Ein Fläschchen Schmieröl und einige rostige Schraubenschlüssel machen die Ausrüstung perfekt. Hunderte solcher Pannendienste sind über die ganze Stadt verteilt. Über Beschäftigungsmangel können sie nicht klagen. Wem das für eine solche Werkstatt nötige Kapital fehlt, hockt stundenlang zum Beispiel vor einer Personenwaage im Staub. Und tatsächlich gibt es immer wieder Passanten, die für umgerechnet fünf Pfennig ihr Untergewicht kontrollieren möchten.

Ganz unten auf dieser Elendsskala schließlich sind dann die Blinden und die Krüppel, die ein reiches Sortiment willkürlich gesammelter Medikamente feilbieten. Rosafarbene Betablocker für Herzkranke, noch aus amerikanischer Produktion, liegen da sorgsam neben russischem Aspirin und gelben Rheumapillen aus der Schweiz. Jede dieser lebensgefährlichen Apotheken wird in einem kleinen, mit Glas abgedeckten Kästchen verwahrt, das ihre körperbehinderten Besitzer mißtrauisch hüten.

Diese Menschen und die vielen Staatsbediensteten, die seit der letzten Lohnerhöhung immerhin 80 000 Dong (nach dem besten derzeitigen Schwarzmarktkurs rund 35 Mark) verdienen, sind die Konsumenten von Hanoi. Sie müssen hinnehmen, daß ein Kilo Fleisch rund ein Zehntel ihres Monatslohns verschlingt. Ein Kilo Reis ist nicht für weniger als 600 Dong zu haben. Welch seltene Genüsse Obst und Gemüse sind, beweisen die Frauen, die schrumpelige Äpfel scheibchenweise anbieten.

In Hanoi, mit der nach Schätzung des Internationalen Währungsfonds rund 1000prozentigen Inflation – von der die Regierung immerhin 700 Prozent zugibt –, hat der einheimische Dong längst jeden Bezug zur Realität verloren. Wie im Nachkriegseuropa ist der US-Dollar die offiziell akzeptierte Parallelwährung. Mit einer Packung Marlboro lassen sich von der Liebe über das russische Mineralwasser bis hin zum nächtlichen Aufpasser für Fahrradbremsen alle Güter und Dienstleistungen kaufen. 20 Marlboro entsprechen einem halben Monatslohn. Mit Dong geben sich neben den Ausländern eigentlich nur noch die Habenichtse ab.

Johannes von Dohnanyi

Nichts ist gradlinig

Beim Air-France-Flug von Bangkok nach Ho-Chi-Minh-Stadt war ich erneut fasziniert über die Phantasie und Vielfalt eines Flußsystems und besonders über diese stets einmaligen Schönheiten von Groß-Delten, die immer wieder Pause in Kleinseen und Sumpfgebieten machen, riesige Schleifen ziehen, um noch vielen Ökosystemen einen Wasserkuß vor dem Einmünden zu geben, so großzügig und vielfältig ist der Mekong.

Dieser Strom und die (einstigen) Urwälder haben Vietnam genauso wie Politik oder Kolonialismus und nun Sozialismus geprägt. Daher ist nichts gradlinig und eindeutig. »Wenn das doch der westliche Besucher, allen voran der Journalist, begriffe«, meint in einem Gespräch der Priester und Abgeordnete Phan Khac Tù. »Gerade wir Christen tun uns da sehr schwer, und das ist unser Erbe vom Westen, wo alles klar und eindeutig, alles entweder gut oder böse ist. Bei uns in Vietnam lebt vieles nebeneinander oder geht ineinander über: Buddhismus und Konfuzianismus, Leninismus-Marxismus mit französischem Kulturkampf und Antiklerikalismus, Bonzen und Bürokraten nebeneinander mit Göttern und Volk... Zudem geht bei uns alles ein bißchen im Kreis herum.« Bei der Geraden entferne man sich immer mehr; beim Kreis ist eigentlich jeder immer gleich weit vom Zentrum weg.

Bob Hennemeyer, Ex-US-Botschafter und heute außenpolitischer Berater der amerikanischen Bischofskonferenz, sagte nach zehn Tagen: »Es ist verdammt hart. Jeden Tag muß ich meine Meinung ändern.« Joop Sierat vom holländischen Hilfswerk Cebemo: »Mir geht es gleich. Dieses Vietnam fordert mich mehr als andere Länder heraus. Ich begreife nun eins: Wir im Westen haben es uns zu leicht gemacht...«

Da wir eine kirchliche Delegation von Hilfswerken waren und mit dem Teilauftrag nach Vietnam gekommen waren, zu untersuchen, wieweit eine Zusammenarbeit mit den Kommunisten in Frage komme, kam immer wieder die Frage: »Seid ihr Kommunisten?« oder »Was seid ihr?«, und immer hießen die Antworten ähnlich: »Primär sind wir Patrioten. Die Welt hat uns Vietnamesen so tief im Herzen verwundet, daß wir endlich wir selbst sein wollen. Um dahin zu kommen, gab es historisch nur den Weg über den Marxismus-Sozialismus.«

»Wir sind zuerst Vietnamesen, dann Asiaten, dann Menschen mit Sehnsüchten und Hoffnungen. Wir wollen frei und gleich sein; wir wollen endlich auch etwas haben und genießen; wir wollen nicht nur immer in Tunneln kämpfen und möchten an euren Konsumgütern mit Anteil haben.« Sogar ein Parteifunktionär gestand beim dritten Lokalbier (»33«) ein, daß er zuerst Patriot, dann Familienclan-Mitglied, erst an dritter Stelle Sozialist und schließlich auch Kleinkapitalist sei. Damit er überleben könne.

Al Imfeld

Das Erbe des Krieges in Südvietnam

Kriegsversehrte: 360 000
Waisen: 800 000
Drogensüchtige: 500 000
Prostituierte: 300 000
Vertriebene Landbewohner: 10 Millionen
Arbeitslose: 3 Millionen
Analphabeten: 7 Millionen
TBC-Kranke: 1 Million
Eingesetzter Sprengstoff: 500 Kilogramm pro Kopf der Bevölkerung
Bombentrichter: 20 Millionen, das sind 140 000 Hektar zerstörtes Land
Herbizide/Entlaubungsmittel: mehr als 70 Millionen Liter
Zerstörte oder verseuchte Bodenfläche: 1,7 Millionen Hektar, das sind 10 Prozent der Fläche Südvietnams
Zerstörte Reisanbaufläche: Mehr als 250 000 Hektar, das sind mehr als 10 Prozent der Anbaufläche
Getötete Wasserbüffel und Ochsen: zirka 1,5 Millionen

Das Erbe des Krieges in Nordvietnam

Getötet beziehungsweise zerstört wurden
40 000 Lasttiere
1 600 Wasserreservoire
acht staatliche Forstbetriebe
48 Landwirtschaftsversuchsstationen
400 Industriebetriebe
68 von 70 staatlichen Landwirtschaftsbetrieben
2 923 Schulen
465 Pagoden und Tempel
484 Kirchen
808 Kulturmonumente
250 Krankenhäuser
1 500 Pflegestationen und Entbindungsanstalten

sämtliche Elektrizitätswerke, Bahnhöfe, Häfen, Brücken und das gesamte Bahnnetz

Nach Bombardierung der sechs größten Städte – drei total zerstört.
Nach Bombardierung der 29 Provinzhauptstädte – zwölf total zerstört.
Nach Bombardierung der 96 Distrikthauptstädte – 51 total zerstört.
Nach Bombardierung von zwei Dritteln aller Dörfer – 300 total zerstört.

Horrorschau

»Abends im Hotel hält uns Dr. Nguyen Ho Dang ein kleines Referat. Er hat einen Projektor mitgebracht und zeigt Dias von Kindern, die in den vergangenen Jahren hier im Krankenhaus geboren wurden. Es ist eine Horrorschau von allen Körperfehlern, die man sich nur vorstellen kann: Wasserköpfe, Gehirnlose, Augenlose, Rümpfe ohne Arme oder Beine, fehlende Gliedmaßen, Hasenscharten, verkrüppelte Hände und Füße.
Dr. Ho ist fest überzeugt vom kausalen Zusammenhang zwischen dem Sprühen von Entlaubungsgiften (im Krieg) und den Geburtsfehlern. Er erzählt uns von seinem Kollegen, Prof. Nguyen Van Can, vom Viet-Duc-Huu-Nghi-Hospital (Hospital der vietnamesisch-[ost-]deutschen Freundschaft), der 1000 Veteranen untersucht hat, die im Süden gekämpft haben – zum Vergleich 500 Soldaten, die nicht dort waren. In der letzten Gruppe brachten die Frauen 0,2 Prozent an mißgebildeten Kindern zur Welt – in der ersten fast drei Prozent. Und die hatten alle Entlaubungsangriffe erlebt!«

Peter Krebs

Auf dem Ho-Chi-Minh-Pfad

Ich wollte unbedingt zum Ho-Chi-Minh-Pfad – und zwar zu jener Stelle tief im Dschungel der Anamitischen Kordilleren, wo auf einer Hochebene, überragt von den fast 2 000 Meter hohen Bergen des Troung Son, die geheime Befehlszentrale der Nationalen Befreiungsfront an der Grenze zwischen Nord- und Südvietnam, am 17. Breitengrad also, gelegen hatte. Während des Krieges war das absolut verbotenes Land: Hier herrschte der Vietcong. Kein Amerikaner hätte sich auf diesen Weg wagen dürfen, den wir jetzt fahren. Ich hatte diese Gegend 1968 mit einem amerikanischen Kampfhubschrauber überflogen, in relativ großer Höhe, weil wir vom Boden aus beschossen wurden, und es war mir schon damals als ein geheimnisvolles, abenteuerliches Land erschienen: wildromantische Berge, versteckt unter der soliden Decke eines undurchdringlichen tropischen Regenwaldes. Ich bin gespannt auf diese Fahrt.

Sie ist umständlich und dauert drei Tage. Wir müssen ein »U« abfahren: 72 Kilometer nach Norden, nach Dong Ha, von dort etwa 50 Kilometer nach Südwesten auf der Landstraße Nr. 9, die zur laotischen Grenze führt – und nach Überwindung der ersten Bergkette, kurz vor der laotischen

Grenze, wieder scharf nach Südosten auf den Ho-Chi-Minh-Pfad, jenes geheime Wegenetz, auf dem Trägerkolonnen auf bambusrohrverstärkten Fahrrädern Kriegsgerät und Munition transportierten und Truppenverbände der nordvietnamesischen Armee in den Süden vordrangen. Alles in allem 230 Kilometer Weg von Hue nach A Loui.

Als wir die Landstraße verlassen, um in den Ho-Chi-Minh-Pfad einzubiegen, erlebe ich die erste Überraschung: Der geheime Dschungelpfad ist inzwischen asphaltiert worden, jedenfalls notdürftig. Von Kubanern übrigens. Er beginnt allerdings bereits wieder zuzuwachsen.

Die Landschaft ist an Schönheit kaum zu überbieten. Wir fahren an Bächen entlang, durch Schluchten und Hochebenen, überqueren hundert Brückchen - und rechts, vor und neben uns die dichtbewaldeten Bergketten der Anamitischen Kordilleren: abgestuft in den Farben vom kräftigsten Grün über immer fahler werdendes Blau bis zum Violett der entferntesten und höchsten Gebirgskämme, schon tief im Inneren von Laos. Eine phantastische, unberührte Märchenwelt - wenn wir nicht immer wieder den merkwürdigen Kahlschlagstrecken begegnen würden: entwaldete Hänge, entweder gänzlich ohne Vegetation oder besetzt mit rindenlosen Baumstümpfen - oder bestückt mit schwarzverkohlten Baumleichen auf verkarstetem Grund. Das sind die Spuren der »Entlaubungskampagnen« im Vietnam-Krieg.

Ich kann mich erinnern, Anfang der sechziger Jahre zum erstenmal davon gehört zu haben: »Zur erfolgreichen Bekämpfung der kommunistischen Guerilla in Südvietnam, die ihren hinterhältigen

Krieg im Schutze des Dschungels führt und auf Dschungelpfaden mit Kriegsmaterial aus Rot-China versorgt wird, hat die amerikanische Luftwaffe zum erstenmal Entlaubungsmittel eingesetzt. Es handelt sich um Unkrautvertilgungsmittel, die, aus Flugzeugen versprüht, das Blätterdach des Dschungels zerstören und damit den ›search and destroy missions‹ der Bomber und Kampfhubschrauber Einblick in die verborgenen Stellungen, Versorgungslager und Versorgungszentren des Vietcong verschaffen.«

Ich kann mich erinnern, daß meine Freunde und ich damals diese neue Art der Kriegführung besonders pfiffig fanden: Diese Amerikaner, was denen so einfällt! Ich kann mich erinnern, daß ich mir damals keine weiteren Gedanken über die »Nebenwirkungen« der Entlaubungsaktionen machte. »Umweltzerstörung« war noch kein Reizwort Anfang der sechziger Jahre. Ich habe bis 1968 gebraucht, um selbst damit schlechte Erfahrungen zu machen. Und noch 15 Jahre länger, um das ganze Ausmaß der Katastrophe zu erkennen.

Am Nachmittag erreichen wir die Hochebene von A Loui. Das Tal ist mehr als 30 Kilometer lang und zwischen zwei und sechs Kilometer breit und liegt in einer Höhe von 600 Metern zwischen zwei Bergkämmen des Troung-Sun-Gebirges eingeschlossen.

Bis 1965 war dieses Tal mit dichten, immergrünen tropischen Regenwäldern bedeckt. Hier wuchsen Baumriesen bis zu 45 Meter hoch, mit Stämmen von drei und mehr Metern Durchmesser. Nur selten hatten Bäume weniger als einen Meter Stammdurchmesser. Hier fielen im Jahr 350 Zentimeter Regen - eine immergrüne Dschungelwildnis von unbändiger Lebenskraft.

Heute ist die Hochebene von A Loui eine tote, trockene Savanne, auf der lediglich ein hartes Unkraut wächst - nicht ein einziger lebender Baum! Eine tote Wüstenei, von Bombentrichtern durchzogen, die mit Wasser vollgelaufen sind. Und wer von diesem Wasser trinkt, Mensch oder Vieh, ist dem Tod geweiht.

Wir fahren in dieses Hochplateau hinein und halten an einem Punkt, von dem aus wir es überblicken können. Kein Wort wird zwischen uns gesprochen. Kein Wort der Erklärung von Herrn Tuan ist notwendig. Vor uns liegt eine Szene aus einem Science-fiction-Film. Wie ein Kadaver liegt dieses Tal inmitten von Bergen, die mit berstendem Leben bedeckt sind. Etwas Satanisches geht von diesem Stück Erde aus. Je mehr sich die Sonne den westlichen Bergkämmen nähert, desto toter und dunstiger wird die Atmosphäre. Irgendwo in der Ferne steigen Rauchschwaden hoch, dort brennt etwas.

Ich mache Fotos und laufe, stolpere, klettere in das Unkrautdickicht hinein. Ich höre, wie die Fahrer auf Herrn Tuan einreden. »Herr Krebs«, schreit er hinter mir her. »Vorsicht! Gehen Sie nicht zu tief rein!«

Ich drehe mich um: »Schlangen?« frage ich. Er lacht und sagt in seinem sächsischen Deutsch: »Nee, Blindgänger!«

Peter Krebs

Wie Autos Reis dreschen

»Es ist heute einfacher, Reis aus dem Süden zu exportieren und dafür im Ausland Importreis für den Norden zu kaufen, als Reis aus dem Süden auf der Straße nach Norden zu bringen«, hatte Generalmajor Trang Cong Man in Hanoi die Misere des vietnamesischen Transportsektors beschrieben. Ganz allgemein, so der Chefredakteur der einflußreichen Armeezeitung »Quan doi Nhan dan« selbstkritisch und beileibe nicht nur auf das Transportwesen gemünzt, »ist die Situation, in der sich Vietnam heute befindet, eine Mischung aus systemimmanenten Fehlern und persönlichem Versagen der Führung«.

Für die Versorgung des Landes mit Nahrungsmitteln zumindest haben diese Fehler gravierende Folgen gehabt. Die von den Bürokraten in Hanoi vorgegebenen Produktionspläne für die Landwirtschaft sind bisher noch nie erfüllt worden. Dürre und Mißwirtschaft brachten Vietnam in der zweiten Hälfte der achtziger Jahre sogar an den Rand einer Hungersnot. Die selber mit Versorgungsschwierigkeiten kämpfende Sowjetunion muß ihrem wichtigsten Verbündeten in Südostasien, der sich nach Ansicht der Experten der Welternährungsorganisation FAO durchaus selbst versorgen könnte, inzwischen auch mit Nahrungsmitteln unter die Arme greifen.

1079 Kilometer plus Umleitungen sind es von der alten Kaiserstadt Hue nach Ho-Chi-Minh-Stadt. Reisfelder links und rechts der Straße. Zuerst werden die jungen Pflanzen gesetzt. Eine nach der anderen. Bis über die Knöchel stehen die Menschen dabei im Wasser, das zuvor in die von kleinen Deichen umrandeten Felder eingelassen wurde. Nach wenigen Wochen sind die Reispflanzen schon kniehoch gewachsen. Wenn sie sich gelb färben, ist es Zeit zur Ernte.

Südlich der Bergkette am 17. Breitengrad, der einmal die künstlich natürliche Grenze zwischen den beiden vietnamesischen Staaten war und die auch die Wetterscheide zwischen subtropikalen nördlichen Regionen und dem feuchtheiß-tropischen Süden ist, beginnt Mitte März die Haupternte. Mit geschwungenen Sicheln schneiden die Bauern den nunmehr hochgewachsenen Reis und bringen ihn gebündelt bis zur Straße. Dort wird er, mit den Spitzen immer zur Fahrbahnmitte hin, zum Trocknen ausgebreitet. So wird das Getreide auch gedroschen. Wer in diesen Wochen die Route Nationale Nr. 1 benutzt, fährt auf Reis. Die Ochsenkarren lösen die Körner und zertrümmern sie zugleich. Die Autos gehen mit dem wertvollen Getreide zwar ein wenig schonender um. Doch dafür wirbelt ihr Fahrtwind einen Großteil der Reiskörner auf und verstreut sie. Auf Nimmerwiedersehen. Die Lastwagen nebeln den Reis zusätzlich noch mit dichten Qualmwolken aus dem Auspuff ein. Ungerührt stehen die Bauern da und schauen zu. Von Zeit zu Zeit sammeln sie die ausgebreiteten Getreidegarben wieder ein und kehren die von den Rädern gelösten Reiskörner mit einfachen Strohbesen zu kleinen Bergen zusammen. Mindesens gleichviel Reis ist verlorengegangen. Diese seit jeher benutzte Methode sei zwar verboten, sagt Kai, mein offizieller Reisebegleiter. »Aber niemand hält sich an die Bestimmungen. Allein deshalb nicht, weil es in den Dörfern an Trockenspeichern und Dreschanlagen fehlt.«

Doch nicht nur daran mangelt es. Wie so viele andere Staaten der Dritten Welt ist Vietnam nicht von der Verlockung verschont geblieben, einen Großteil seiner knappen Ressourcen in die industrielle Entwicklung zu investieren. Für die Landwirtschaft blieb da kaum mehr übrig als der Versuch der Partei, die Verstaatlichung der Bauern auch auf den Süden auszudehnen.

Welch mageren Resultate mit der Kollektivwirtschaft in den letzten 35 Jahren erzielt worden waren, hatte man mir schon einige Tage zuvor nördlich von Hanoi vorgeführt. Die 2 200 arbeitenden Mitglieder der Musterkooperative Da Ton müssen auf den Feldern bis heute mit ihrer Muskelkraft auskommen. Maschinen, sagte ihr Sprecher, habe man sich bisher nicht leisten können. Durch die Fenster des Versammlungssaals, in dem die Frauen und Alten von Da Ton in der Mittagspause vor dem einzigen Fernseher der Kooperative saßen und einen vietnamesischen Liebesfilm genossen, waren draußen lange Reihen kleingewachsener Obstbäume zu sehen. »Mangel an Düngemitteln«, erklärte einer der Bauern.

Und doch sind in den Staatsfarmen wie Da Ton geradezu goldene Zeiten angebrochen, seit auch die Partei den Wert der Privatinitiative wieder entdeckt hat. Ein Sechstel Hektar – fast 1 700 Quadratmeter-Land steht jedem Bauern jetzt zu. Und nur den kleineren Teil seiner Ernte muß er, so wurde es beim 6. Kongreß der Kommunistischen Partei beschlossen, noch zu Hungerpreisen an den Staat abtreten. »Jetzt lohnt es sich wieder, Bauer zu sein.« Trotz dieser neuen Anreize werden auf den Feldern von Da Ton jährlich nur 1200 Kilo Reis pro Hektar geerntet. In der angrenzenden Volksrepublik China liegt die Produktion viereinhalbmal höher.

Die Bauern im ehemaligen Südvietnam wehrten sich von Anfang an gegen die kollektive Bewirtschaftung. Abgesehen von den »Neuen Wirtschaftszonen«, in die Hanoi nach der Wiedervereinigung vor allem die Beamten und Militärs des besiegten Regimes verbannte, kamen die Staatsbetriebe im Süden über das Planungsstadium selten hinaus. Und mögen die Anbau- und Erntemethoden auch hier mit modernem Ackerbau nicht viel zu tun haben, so ist der Produktivitätsunterschied zum Norden doch unübersehbar.

Mit den Kilometern nach Süden verändern die Straßendörfer ihr Gesicht. Hauptsächlich Dinge, die die Menschen täglich brauchen, werden angeboten. Säcke voll mit Düngemitteln, Saatgut und fußbetriebene Dreschmaschinen stehen längst der Route Nationale Nr. 1 zum Verkauf. Mit »Here Honda« beschriftete Schilder weisen auf Motorradwerkstätten hin. Eine »Delikatesse« der amerikanischen Küche haben auch die Parteiideologen nicht ausrotten können. »Hot Toc« werden in jedem Ort zubereitet.

Johannes von Dohnanyi

Textilkombinat Nam Dinh

Ha Nam Dinh im Süden Hanois umfaßt seit 1976 drei Kleinprovinzen. Eine geschichtsträchtige Region – hier war im 10. Jahrhundert mit Hoa Lu die neue Hauptstadt des gerade von China befreiten Vietnam entstanden. Die 200 000 Einwohner zählende Provinzhauptstadt Nam Dinh ist unter anderem das Textilzentrum des Landes. 1889 ließ ein chinesischer Industrieller in Nam Dinh die erste Textilfabrik Vietnams erbauen, die 1900 an Franzosen verkauft wurde.

»Zwischen 1900 und 1953«, erzählt der Generaldirektor des heute 14 Fabriken umfassenden Textilkombinats, Nguyen Duy Kiem, »steigerten die französischen Kapitalisten ihre Profite um das Hundertfache. 16 000 Arbeiter schufteten hier früher, um jährlich 20 Millionen Meter Stoff herzustellen. 1964, zehn Jahre nach der Verstaatlichung des Betriebs, produzierte das Kombinat mit 12 000 Beschäftigten 60 Millionen Meter Stoff und 800 000 Faserdecken. Zwischen 1965 und 1973 wurden die Fabriken durch amerikanische Kampfflugzeuge teilweise zerstört, 132 Menschen kamen dabei ums Leben. Die Produktionskapazität schrumpfte auf 30 Prozent des früheren Niveaus. Uns blieb nichts anderes übrig, als einen Teil des Komplexes zu zerlegen und zu evakuieren.«

Stolz stellt er zwischen diesem Überlebenswillen und der kämpferischen Tradition der Arbeiterklasse einen unmittelbaren Zusammenhang her. Schon kurz nach der Gründung der Kommunistischen Partei Indochinas (Frühjahr 1930) demonstrierten 4 000 Arbeiter in Nan Dingh gegen die französische Kolonialmacht. Drei Wochen lang streikten sie – aus Protest gegen ihre erbärmlichen Lebensbedingungen. Die Fabrik verfügte über eine aktive Parteiorganisation und war für ihre Kaderrekrutierung weit über die Stadtgrenzen Nam Dinhs hinaus bekannt. In einem »Traditionshaus« sind die Zeugnisse, Bilder und Dokumente aus jener Epoche einfühlsam arrangiert worden.

Seit 1973 wird das Kombinat wieder aufgebaut, erweitert und modernisiert. Bis 1990 soll die Produktion von gegenwärtig 40 Millionen Meter Stoff verdoppelt werden. Neben den alten, noch im Geiste gutnachbarlicher Beziehungen aus der VR China gelieferten Maschinen stammen die neueren »Textima«-Modelle aus dem »Kombinat VEB Spinnereimaschinenbau Karl-Marx-Stadt«. Die Bleich- und Ornamentierungsmaschinen hat Indien geliefert.

Jährlich bezieht das Textilkombinat von Nam Dinh 100 000 Tonnen Baumwolle aus der Sowjetunion. 50 Prozent der Produktion sind für den Export – in erster Linie in die RGW-Länder (Osteuropäische Wirtschaftsgemeinschaft) – bestimmt und werden noch über die staatliche Außenhandelsbehörde abgewickelt. Über den Umfang, Zahlungsmodus und die Abwicklung dieses Handels ist nichts zu erfahren.

»Es ist gut«, resümiert Nguyen Duy Kiem, »daß

unsere Wirtschaftspolitik nach dem Parteitag flexibler gestaltet werden soll. Bereits in den nächsten Monaten dürfte es uns möglich sein, Geschäftsverträge mit ausländischen Partnern direkt abzuschließen und die zur Begleichung notwendiger Einfuhren benötigten Devisen ohne bürokratische Hindernisse zu erhalten. Sinnvoll ist es, unsere eigene Baumwollproduktion anzukurbeln.«

Rainer Werning

Sozialistische Gastarbeiter

Das sozialistische Vietnam, unter den Ländern Asiens eines der ärmsten, hat sich eine ungewöhnliche Einnahmequelle erschlossen. Hanoi hat rund hunderttausend Vietnamesen als »Gastarbeiter« nach Osteuropa geschickt. Der Hintergrund: Vietnams Auslandsschulden sind auf etwa sechs Milliarden Dollar angestiegen; zwei Drittel davon schuldet der indochinesische Staat seinen kommunistischen Verbündeten. Allein 1985 leistete die Sowjetunion an Vietnam, das sich 1978 dem RGW anschloß, Wirtschafts- und Militärhilfe von gut 1,6 Milliarden Dollar; weitere 180 Millionen Dollar Wirtschaftshilfe kamen aus den osteuropäischen Bruderländern. Die Vietnamesen, die in Osteuropa arbeiten, erhalten nur 30 bis 40 Prozent ihres Lohnes ausbezahlt; den Rest müssen sie an die Regierung in Hanoi abführen.

Die Zeit, 1. Mai 1987

Der große Sprung fand nicht statt

Gemessen an den Zielen des Fünfjahresplans und an den Hoffnungen der Vietnamesen auf die Nachkriegszeit war das tatsächlich Erreichte wenig befriedigend. Statt der 21 Millionen Tonnen Lebensmittel wurden 1979 nur 13,5 Millionen produziert; das bedeutete Hunger und Verwendung der knappen Devisen für Nahrungsmittelimporte. Auch in fast allen industriellen Bereichen lagen die Produktionsergebnisse weit hinter den Zielen. Das hieß ebenso Mangel an neuen Produktionsmitteln, die die Produktivität hätten steigern können, wie Fehlen von Konsumgütern, die den Bauern für ihre Produkte und als Anreiz zur weiteren und schnellen Steigerung ihrer Erzeugung hätten angeboten werden können. Die vielen großen Industrieprojekte mit ihren vielfältigen Anforderungen an Organisation, Infrastruktur, Arbeitsqualifikation und Vorprodukte konnten nicht gleichzeitig bewältigt, ja, viele Produktionsstätten aufgrund mangelnder Voraussetzungen nicht einmal ausgelastet werden, obwohl ihre Produkte dringend benötigt wurden.

Für die vietnamesische Entwicklung hat die Entfaltung der landwirtschaftlichen Produktion und die Erreichung einer ausreichenden Selbstversorgung der rasch gewachsenen Bevölkerung (Verdoppelung in den letzten 30 Jahren) zentralen Stellenwert. Noch immer sind 70 Prozent der Bevölkerung in der Landwirtschaft beschäftigt. Die Hebung der Produktivität ihrer Arbeit durch Mechanisierung, Intensivierung, Düngemittel, Bewässerung und Saatgutverbesserung wie die Ausweitung der Ackerflächen mußten mithin die zwei Hauptstoßrichtungen für die Erhöhung der Agrarproduktion sein.

Es gelang zwar, über vier Millionen Menschen wieder in die landwirtschaftliche Produktion einzugliedern, die schnelle Erschließung von »neuen Wirtschaftsgebieten« im Hochland stieß jedoch auf unerwartet große Schwierigkeiten. Für ihre Erschließung fehlten die Infrastruktur und die materiellen Voraussetzungen. Ferner war die städtische Bevölkerung nicht an die harte Arbeit eines Pionierlebens auf dem Lande gewöhnt und kehrte vielfach in die Städte zurück, von wo ein erheblicher Teil auszuwandern suchte. Der Krieg an der Grenze zu Kampuchea beeinträchtigte die Entwicklung der neuen Wirtschaftsgebiete zusätzlich. Bei ihrer Erschließung sollte die Armee vielfältige Hilfsfunktionen erfüllen, die sie jedoch seit 1978/79 mit dem Beginn des Kampuchea- und China-Konfliktes nicht mehr wahrnehmen konnte.

Erwies sich die Neulanderschließung als weitaus schwieriger als vermutet, so stieß die Steigerung der Produktion auf eine unerwartete weitere Schranke: Die Bauern in Südvietnam verringerten ihre landwirtschaftliche Nutzfläche um 230 000 Hektar, weil die Preise für ihre Produkte allzu niedrig lagen und sie deshalb das Interesse an Produktionsausweitung über den Eigenbedarf hinaus verloren hatten. Die Regierung zahlte nämlich den Bauern für ihren Reis nur sehr niedrige Preise, um diesen entsprechend billig der Bevölkerung zuteilen zu können. Viele Bauern versuchten daraufhin, ihren überschüssigen Reis auf dem Schwarzmarkt zu verkaufen, vergoren ihn zu Alkohol oder verwendeten ihn als Tierfutter.

Die Diskussion über die Neugestaltung der landwirtschaftlichen Produktionsbedingungen war schon vor dem Fall Saigons in Nordvietnam aufgenommen worden. Auf einer Nationalen Konferenz über die Probleme der landwirtschaftlichen Entwicklung im August 1974 in Thai Binh legten Spitzenpolitiker sich programmatisch fest. Der Generalsekretär der Kommunistischen Partei, Le Duan, plädierte für eine großflächige sozialistische Landwirtschaft, während der Ministerpräsident Pham Van Dong aus seiner Sicht die Probleme der landwirtschaftlichen Entwicklung darlegte. Während Pham Van Dong den Schwerpunkt auf die Versorgung der Landwirtschaft mit Produktionsmitteln und auf entsprechend bessere Produktionsmethoden legte, wollte der Generalsekretär vor allem und zuerst die Neuorganisation der Produktion durch weitgehende Arbeitsteilung im Sinne industrieller Fertigung, entsprechende Spezialisierung und durch verstärkte Eingliederung der Genossenschaften in einen zentralistisch-hierarchischen Planungs- und Lenkungsprozeß erreichen. Der Distrikt sollte zu einem riesigen agro-industriellen Komplex und die Genossenschaftler zu Arbeitnehmern werden, die nach komplizierten Normensystemen taylorisierte Arbeitsaufgaben auszuführen hatten.

Da die von Pham Van Dong vorausgesetzten Inputs in die Landwirtschaft von der Industrie des Landes und vom Ausland kaum zu haben waren, setzte sich im wesentlichen Le Duans Neuorganisation durch. Die alte Form der Kooperative, die noch an die Solidaritätstraditionen der vietnamesischen Gesellschaft anknüpfte, wurde zu einem System von Arbeit nach Zeitnormen wie in einem Industriebetrieb umgestaltet, bei dem jedoch die wesentlichen modernen Produktionsmittel, die eine solche Umgestaltung erforderten, nicht vorhanden waren.

Der Wunsch zur Umgestaltung der Kooperativen beruhte auf handfesten Ursachen:

- Die landwirtschaftliche Produktion stieg im Norden nur langsam. 1974 wurde erst wieder das Produktionsniveau von 1959 erreicht, während die Bevölkerung in diesem Zeitraum von 16 auf 25 Millionen angewachsen war.
- Die Kooperativen hatten häufig über interne Regelungen und durch Einschüchterung der Parteikader nicht nur ihre Abgabeverpflichtungen umgangen, sondern sich auch so traditionell organisiert, daß eine Verbesserung der Produktionsmethoden auf dieser Basis nicht zu erwarten war. Diese Verhältnisse sollten aufgebrochen werden.
- Der dreißigjährige Krieg in Vietnam hat die Bevölkerungsstruktur auf dem Lande völlig verändert. Während des Krieges hatten die Frauen im wesentlichen die Landwirtschaft weiterführen müssen, da die Männer bei der Armee waren oder infrastrukturelle und logistische Arbeiten zu übernehmen hatten. Viele waren gefallen.

Noch 1980 stellten Frauen 70 Prozent der Arbeitskräfte im ganzen Land, in Nordvietnam sogar 80 Prozent. Durch die tayloristische Teilung der Arbeit in viele einfache Aufgaben sollten auch unqualifizierte Kräfte - wie Kinder und Alte - in den Produktionsprozeß einbezogen werden.

- Durch die anvisierte Arbeitsteilung sollte also qualifizierte Arbeit von unqualifizierten Arbeitern ausgeführt werden. Dies hätte die zusätzliche Folge, die Männer für die Produktion und Verwaltung an den Stellen einsetzen zu können, die eine höhere Qualifikation erforderten. Freisetzung solcher Arbeitskräfte für die Industrialisierung war also Teil der Kalkulation. Daß sich in solcher Handlungsweise auch traditionelle Vorurteile über die Rollen von Mann und Frau widerspiegeln, sei nur am Rande vermerkt.
- Industrielle Großproduktion nach Mustern weitgehender Arbeitsteilung und Spezialisierung erfordert den disziplinierten Arbeiter. Die traditionelle vietnamesische Landarbeit verlangte zwar der bäuerlichen Familie ebenfalls enorme Anstrengungen ab, war aber doch ganz anders organisiert. Die Neuorganisation der Arbeit in der Landwirtschaft nach Normen und Zeitstudien solle so zur Disziplinierung der bäuerlichen Bevölkerung führen und den von Le Duan stets geforderten »neuen Menschen« schaffen.
- Die während der Kriegszeit existierenden Kooperativen verfügten über erhebliche Selbständigkeit in der Gestaltung ihres Anbaues, der Arbeitsverfahren und der Verteilung ihrer Einnah-

men. Die Dorf-Kooperativen mit 300 bis 500 Mitarbeitern waren noch überschaubar. Genossenschaften auf Gemeindeebene mit 1000 bis 1700 Arbeitern oder gar agro-industrielle Komplexe auf Distriktebene mit 30000 bis 40000 Arbeitern waren hingegen für den einzelnen nicht mehr leicht zu überblicken. Mitwirkung der Basis wurde viel schwieriger, die Leitungsorgane dagegen gewannen sehr an Bedeutung.

- Die Orientierung auf Großproduktion mußte also die hierarchischen Momente ebenso wie die der autoritären Unterordnung verstärken. Die Vorrangstellung der Partei konnte dadurch gefestigt werden. Darüber hinaus erforderte die angestrebte Arbeitsteilung eine Fülle neuer Manager und Kontrolleure, Zeitnehmer und Planer, die insgesamt das Interesse an bürokratischer Organisation vergrößern mußten.

Erfolge dieser Umstrukturierung blieben während des Fünfjahresplanes von 1976 bis 1980 aus. In der vietnamesischen Diskussion werden dafür oft das unzureichende Management und Korruption verantwortlich gemacht. Beides scheint zuzutreffen, erklärt aber nicht hinreichend die Stagnation und läßt überdies offen, wie es zu diesen Erscheinungen kommen konnte. Man weiß, daß die Betriebsfunktionäre bis zu drei verschiedene Bilanzen aufstellten, daß die Brigaden in Ressortborniertheit unverantwortlich handelten und daß die »kollektive Herrschaft der Massen« unter dem zentralistischen Lenkungsanspruch der Partei und den bürokratischen Eigeninteressen der Kader zur Farce verkam.

Das grundlegende Moment des Mißerfolges,

zu dem die vielen objektiven und im politischen Prozeß begründeten Schwierigkeiten ebenfalls beitragen, liegt in der Dequalifizierung der Arbeitskraft in jeder Hinsicht. Arbeitete der Bauer bisher durchaus vielseitig und selbstbestimmt, den gesamten Produktionsprozeß überschauend, so wird er nun auf eine beschränkte und monotone Tätigkeit verwiesen. Der Bauer kann auch nicht mehr über das Produkt, über das Produktionsverfahren und über die Verwendung des Arbeitsergebnisses bestimmen, nicht einmal in einem demokratischen Prozeß mitbestimmen. Solche Arbeitskraft muß notwendig ihr ganzes Augenmerk auf die individuelle Wohlfahrt und Reproduktion lenken. Diese ist zu sichern, indem möglichst viele Arbeitszeitnormpunkte gutgeschrieben werden. Hierum geht es dem Bauern-Arbeiter nun und nicht mehr in erster Linie um die umfassende und gesamtgesellschaftlich sinnvolle Gestaltung des Produktionsprozesses. Er richtet sich in einem nach bürokratischen Normen deformierten Zustand gesellschaftlicher Produktion ein. Sein Bezug ist nur noch die materielle Vergütung. Entpolitisierung und Privatisierung sind ebenso die Folge wie die Neigung, sich ernsthaftem politischem Ringen um die gesellschaftliche Orientierung zu entziehen. Korruption und Opportunismus halten Einzug, nicht aber der »neue Mensch«, von dem der Generalsekretär sprach.

Andreas Buro/Karl Grobe

Entwicklung!

Die uns von allen als sehr arm vorgestellte Dong-Thap-Provinz im Süden Vietnams soll entwickelt werden. Das ist nicht nur ein Parteibeschluß. Man tut auch etwas. Und schon stehen die riesigen, wohl fünf Meter hohen russischen Traktoren aus Sibirien vor uns im Defilee. Stolz werden uns diese Stahlrosse, Ackergäule in Front und Anmarschstellung vorgestellt.

Der Chef vom Provinzkabinett empfängt uns zusammen mit den Monstertraktoren vor der Provinzhalle. Sie kennen bestimmt vom Hörensagen, aber noch besser von selbst Erlebtem die asiatische Freundlichkeit - bei einer vietnamesischen Provinzregierung können Sie diese verdoppeln und mit einer Prise Ehrlichkeit rechnen, denn noch ist der Kontakt mit Ausländern neu. Also. Unsere entwicklungsorientierte Gruppe wird mit wohltriefenden Worten und bittergrünem Tee begrüßt. Ja, man stellt uns den Traktoren gleich. Alle sind wir Helden der Entwicklung. Nun kann sie losgehen - die Entwicklung! 35 Tonnen schwer sei so ein traktorielles Wunderding. Nun brauche die Provinz bloß noch Geld, um die Wege für die Stahlfürsten sowohl zu bahnen als auch zu pflastern. Die Erde müsse nun verändert werden, um diesen Geistern Platz zu machen. Eine neue Ära beginne. Die der Entwicklung ...

Entwicklung!

Development!

Unser Dometscher spricht das englische Wort »Development« so eigenartig aus, daß ich stets »Flop« höre.

Bevor unsere Gruppe auf Rundreise in der armen Provinz geht, gibt es zum Tee auch noch verschiedene Früchte und die Möglichkeit, einige Fragen zu stellen. Ich wage eine zu den Traktoren: »Passen diese gigantischen Entwicklungstraktoren in dieses sumpfige Deltagebiet des Mekong? Sind sie nicht viel zu schwer? Und wer wird mit ihnen umgehen und für sie sorgen?«

Der Parteivorsitzende der Provinz gibt die Antwort, die mir ins Englische übersetzt wird: »Für die Entwicklung muß der Boden bereitet werden. Daher werden wir mit Drainage beginnen, neue Straßen bauen, das Land neu anlegen, größere Felder einrichten und einen Teil der Bevölkerung nach dem Norden der Provinz, wo es fast noch keine Menschen gibt, aussiedeln. Sie sehen, wir stehen vor gigantischen Entwicklungsaufgaben. Und ganz prinzipiell möchte ich noch beifügen: Alle Menschen sind gleich. Und so wie es vorderhand nur noch Sozialisten und Kapitalisten gibt, gibt es nur noch zwei Arten von Traktoren: sozialistische und ... (er schluckt und sagt tatsächlich) westliche. Jede Anpassung wäre ein Akt des Paternalismus und Neokolonialismus. Auch wir Vietnamesen haben endlich das Recht auf Gleichheit und damit auf die gleiche Entwicklung. Und so sind wir den Kameraden aus dem Comecon dankbar, daß sie uns ernstnehmen und uns das auch ihnen Beste schicken. Dasselbe gilt für den

Umgang mit diesem Werkzeug: Jeder wahre Sozialist versteht weltweit gleich gut mit Maschinen umzugehen.«

Wer wollte da noch weiterfragen.

Als wir je in einem Mercedes und Wolga über Land fahren, bleiben wir mehrere Male stecken, denn es hatte kurz zuvor geregnet, und das Gelände war nicht nur schlammig, sondern auch seifig. Als wir zu viert den Wagen stoßen, denke ich schon an das Volk, das später um der Entwicklung willen Traktoren stoßen und schubsen wird. Aber noch sind die Wege nicht bereitet. Das Beste und Größte steht erst vor dem Provinzgebäude – in Achtungstellung.

Als wir repräsentativ und gemischtkulturell je im Mercedes und Wolga weiterfahren und vielen Menschen Schlamm, Schmutz und Restwasser ins Gesicht spritzen, werde ich traurig. Nur mit einem solchen ins Gesicht schlagenden Kontakt fahren wir an diesen Menschen vorbei. Einst waren sie das Größte und Beste. Sie haben heldenhaft für Freiheit und Sozialismus gekämpft. Und nun sollen Menschen veraltet, gegen den Fortschritt und hinter-reisfelderisch sein?

Al Imfeld

Frauen:
Nicht alles für das Vaterland

»Alles für das Vaterland, alles für den Sozialismus«, prangt es in riesigen Lettern an einem Berghang nördlich von Hanoi. Für die Bäuerinnen, die am Fuß des Berges auf dicht bepflanzten Beeten Kohlköpfe gießen, gehört die Parole der Vergangenheit an. Auf diesem Stück »Gartenland«, das die Familien neuerdings ihr privates »Eigentum« nennen dürfen, wirtschaften sie auf eigene Rechnung.

Ihr Soll für Vaterland und Sozialismus leisten sie auf den Feldern der Landwirtschaftlichen Produktionsgenossenschaft (LPG). Die vom Distrikt gesetzten Planziele konnten sie dank des fruchtbaren Bodens im Delta des Roten Flusses übererfüllen. Die Überschüsse werden unter den LPG-Mitgliedern aufgeteilt, wandern in deren Kochtöpfe und auf die neuerdings florierenden »freien« Märkte.

Die Straße von der LPG zum Roten Fluß wird von einer Reihe kleiner Steinhäuser gesäumt, viele noch im Rohbau. Die Jahreszahlen über den Haustüren zeigen, daß die Früchte der neuen Freiheit für die Privatinitiative hier rasch zu Stein geworden sind. Das ist für die Bäuerinnen der Wirtschaftsfrühling: ein Steinhaus, ein Fahrrad, ein paar Schweine, bei manchen ein Radio – für sie ein Leben in nie gekanntem Wohlstand.

Was sie sich für die nächste Zukunft wünschen? Produktivitätssteigerung und Arbeitserleichterung. Deshalb sehnen sie einen Traktor herbei, Agrotechnik, Insektizide gegen den drohenden Schädlingsbefall, eine Dieselpumpe, bessere Transportmöglichkeiten.

Bisher ersetzten Frauen die fehlenden Transport- und technischen Hilfsmittel: An einer Bambusstange, die sie sich über die Schulter legen, hängen wie an einer Waage Eimer mit Wasser, hochbeladene Körbe mit Gemüse oder riesige Bündel von Reisstroh. Nach dem Pflügen zerschlagen die Bäuerinnen die Erdbrocken mit einem Rechen und glätten die erneut unter Wasser gesetzten Felder schließlich mit der bloßen Hand, bevor sie die Saat ausstreuen. In Mittelvietnam, wo Reiswanzen die letzte Ernte gänzlich zu vernichten drohten, haben die Bäuerinnen Tonnen von Wanzen von den Reisstengeln abgepflückt und dann verbrannt. Da ist der Ruf nach arbeitserleichternder Technik nur zu verständlich.

Auch in der LPG Yen So hofft man auf Technik. Hier wie in allen LPGs sind Frauen in der Mehrheit, 63 Prozent der 1260 Arbeitskräfte. Frau Dinh ist die einzige Frau im fünfköpfigen Vorstand der LPG. »Während des Krieges«, erzählt sie, »haben die Frauen alle Arbeit gemacht und sogar das alte Tabu gebrochen, daß nur Männer pflügen dürfen.« Und wer würde für die Maschinen zuständig sein, falls die LPG denn je welche bekommen sollte? Das würden wohl die Männer machen, meint Frau Dinh, denn Maschinenarbeit sei ja meist schwere Arbeit.

Frau Dinhs Mann ist seit 20 Jahren bei der

Armee, und das bedeutet permanente Trennung. All die Jahre hat sie allein für die drei Kinder aus der Besuchsehe gesorgt, und sie weiß sehr wohl, was sie geleistet hat. Doch auf die Frage, warum sie die einzige Frau im LPG-Vorstand ist, lächelt sie entschuldigend. »Die Frauen haben so viel zu tun, produktive Arbeit und Hausarbeit. Da haben die Männer mehr Zeit.«

Christa Wichterich

Während des Krieges wurden den Frauen »drei Verantwortlichkeiten« übertragen:
- Sie mußten die Männer im Produktionsbereich ersetzen,
- ihre Lücke in der Familie füllen,
- den bewaffneten Kampf unterstützen.

Frauen stellen heute:
- 46 Prozent aller Arbeitskräfte in staatseigenen Betrieben,
- 83 Prozent im Gesundheitssektor,
- 72 Prozent im Erziehungswesen,
- 65 Prozent in der Landwirtschaft,
- 65 Prozent in der Leichtindustrie und im Handwerk.

Eine neue Familienkultur

Frau Duong Thi Duyen ist in Hanoi Vertreterin der Frauen-Union, die es im Land auf stolze zehn Millionen Mitgliedsfrauen bringt. Die Frauen-Union, die wichtigste Lobby der Frauen, ist weder eine Regierungs- noch eine Partei-Organisation.

Welche Ziele hat sich die Frauen-Union gesetzt?

Wir haben zwei zentrale Aufgaben. Die erste ist, die Frauen zu ermutigen und zu befähigen, am Wiederaufbau unseres Landes teilzunehmen. Die zweite ist, Gesetze durchzusetzen, die die Rechte der Frauen schützen. In den letzten Jahren haben wir für die Einführung solcher Gesetze gekämpft, jetzt kontrollieren wir die Einlösung.

Wie sieht das aus?

Wir haben Kader in allen Dörfern. Sie gehen in die Familien und helfen den Leuten, etwa bei der Beilegung von Konflikten. Zunächst wird versucht, die Ehe zu retten. Wenn eine Scheidung notwendig wird, wird unser neues Scheidungsrecht angewendet: Will der Mann eine Scheidung, bekommt er sie nur, wenn die Frau zustimmt. Aber wenn die Frau sie will, ist die Zustimmung des Mannes nicht notwendig.

Bei meiner Reise durchs Land hatte ich den Eindruck, daß auch in Vietnam Spülen Frauensache und Politik Männersache geblieben ist.

Sie müssen die Situation mit der vor 1945 vergleichen. Damals hatten die Frauen überhaupt keine Rechte, in der Familie nicht und in der Gesellschaft nicht. Sie durften zum Beispiel weder wählen noch kandidieren. Jetzt haben wir in allen Bereichen gleiche Rechte. Immerhin 17,7 Prozent der Mitglieder der Nationalversammlung sind Frauen. Aber wir denken auch, das ist nicht genug.

Oder im Bildungssektor: In den Schulen sitzen heute genauso viele Mädchen wie Jungen, an den Universitäten sind 38 Prozent Frauen. Natürlich müssen wir die Zahl steigern, aber die Situation ist viel besser als früher, als nur Männer Bildung erhielten. Viele Frauen arbeiten heute - und zwar auf sehr hoher Ebene - in Wissenschaften wie Mathematik und Physik, die ihnen früher völlig verschlossen waren. Im alten Regime gab es ein gewaltiges Bildungsgefälle zwischen Männern und Frauen, dagegen haben wir schon große Fortschritte gemacht. Aber weil dieses Gefälle noch nicht ganz beseitigt ist, sind immer noch mehr Männer in leitenden Positionen. Wir bilden uns nicht ein, dieses Problem schon gelöst zu haben.

Wird denn über Quotierung diskutiert?

Nein, die Frauen-Union fordert keine Quotierung, sondern Frauenförderung. Wenn wir wollen, daß eine Frau Ministerin und Distriktvorsitzende wird, muß sie es wegen ihrer Qualifikation werden, nicht wegen ihres Geschlechts. Deshalb fordern wir positive Diskriminierung im Bildungs- und Ausbildungsbereich. Wir haben erklärt: Die Frau hat zwei gesellschaftliche Aufgaben, sie ist Arbeiterin und Mutter, und der Staat und die Gesellschaft müssen anerkennen, daß eine Frau mehrere Jahre ihres Lebens mit der Erfüllung dieser gesellschaftlich wichtigen Aufgabe verbringt. Deshalb kann man zum Beispiel im Bereich der beruflichen Fortbildung nicht dieselbe Meßlatte für Frauen und Männer anlegen. Wir brauchen unterschiedliche Kriterien, um günstigere Voraussetzungen für Frauen zu schaffen. Ein Mann muß fünf Jahre produktiv gearbeitet haben, um zu einer Weiterbildung zugelassen zu werden, eine Frau nur drei. In anderen Fällen gibt es eine Altersgrenze: für Männer 30, aber für Frauen 35 Jahre. Das hat die Frauen-Union durchgesetzt. Und den Mutterschutz haben wir jetzt auch verlängert, von zweieinhalb auf sechs Monate.

Ich habe die unglaubliche Arbeitsenergie der Frauen überall bewundert. Sind sie nicht ständig überlastet?

Ja, heute arbeiten die Frauen wie Männer. Es wäre also notwendig, daß am Abend zu Hause die Arbeit geteilt wird. Deshalb propagieren wir jetzt eine neue Familienkultur. Wir erklären den Leuten: Jeder will eine demokratische Gesellschaft, aber zuerst müßt ihr Demokratie in jeder Familie haben. Das bedeutet: Die Hausarbeit muß geteilt werden.

Mir haben Männer erzählt, daß sie sich sonntags am liebsten aus dem Staub machen, weil die Frauen sie dann zur Hausarbeit zwingen wollen.

Ja, ja, das ist ein Erziehungsprozeß. Bei den Jungen klappt das besser als bei den Alten, in den Städten besser als auf dem Land, im Norden besser als im Süden.

Das Interview führte Christa Wichterich

Die Partei und die Demokratisierung

Die Kommunistische Partei Vietnams trat mit den grundsätzlichen politischen Zielen an, die Befreiung des Landes durchzusetzen, die nationale Einheit zu sichern und in diesem Prozeß eine sozialrevolutionäre Überwindung kapitalistischer Verhältnisse im Lande zu realisieren, um über Zwischenphasen zu einer sozialistischen Gesellschaft zu gelangen. Sie begriff sich als Erzieherin des Volkes, nicht einfach als Repräsentantin des jeweils bestehenden Bewußtseins. Auch deshalb ist die Partei als autoritäre Organisation zu verstehen, die notfalls bereit ist, ihre Ziele gegen Mehrheiten durchzusetzen.

Andererseits mußte sie um der Erreichung ihrer Ziele willen bemüht sein, die Mehrheit für sich zu gewinnen. Dabei ist zu unterscheiden, ob die Partei im Widerstandskampf möglichst große Teile der Bevölkerung zu mobilisieren suchte oder ob sie, als Regierungspartei nun nicht mehr von Kolonialmacht und Intervention bedrängt, ihre Herrschaft ausübt. Ist in der ersten Situation Rücksichtnahme auf die Bevölkerungswünsche überlebensnotwendig, so war dies für die Regierungspartei nicht mehr in gleichem Maße der Fall. Hier konnte autoritärer Bürokratismus der hierarchischen Partei sich eher entfalten, es sei denn, Widerstand in der Bevölkerung würde die Ziele der Partei so weit gefährden, daß sie zur Überprüfung ihrer Praxis gezwungen wäre. Diese Situation schien sich spätestens 1979, als das Scheitern des Fünfjahresplanes offensichtlich wurde, anzubahnen.

Das Selbstverständnis der Kommunistischen Partei Vietnams findet seinen ideologischen Ausdruck in der Feststellung, daß durch sie die Diktatur des Proletariats verwirklicht werde, die auf der Führerschaft der Arbeiterklasse und auf der Grundlage des festen Bündnisses zwischen Arbeitern und Bauern beruhe. Truong Chinh, der frühere Generalsekretär der Partei und heutige Vorsitzende des Staatsrates - wohl der wichtigste Dogmatiker der Kommunistischen Partei Vietnams -, spricht von dem Prinzip des »demokratischen Zentralismus«: »Die Führung durch die Partei ist die beste Garantie für das System der kollektiven Herrschaft durch die arbeitende Bevölkerung, für die Stärkung des Staates der proletarischen Diktatur und für die Förderung seiner Wirksamkeit. Allerdings bedeutet die Führung der Partei über den Staat nicht, daß sie anstelle des Staates seine Aufgaben bewältigt. Im Gegenteil. Wir müssen die Effektivität des Staates anheben und ihn zur Erreichung unserer revolutionären Ziele nutzen. Die Partei führt den Staat durch ihre politische Linie, durch ihre innere und äußere Politik, indem sie die wichtigsten Vorhaben und Politiken der Partei in Staatsgesetze und Beschlüsse, die für jeden Bürger verbindlich sind, umsetzt. Sie führt den Staat, indem sie Kader für die führenden Posten in den Staatsorganen benennt und indem sie Partei- und Staatskader so erzieht, daß diese die revolutionären Tugenden hochhalten, dem Volk ergeben dienen und die Gesetze des

> »Führung durch die Partei, Herrschaft durch das Volk und Management durch den Staat bilden ein gemeinsames Ganzes in dem System der Diktatur des Proletariats in unserem Land.« *Truong Chinh*

Staates beachten. Die Partei führt den Staat, indem sie Massenorganisationen schafft, die die Massen mobilisieren und erziehen, damit sie die Vorhaben, Politiken und Gesetze des Staates verwirklichen und indem sie die Staatsorgane kontrolliert und anweist.«

Der Durchsetzung des Führungsanspruchs der Partei dienen vor allem folgende Mittel:

- Die Partei versucht, in allen bedeutsamen Bereichen eine Parallelstruktur zu den staatlichen Insitutionen und im militärischen Bereich zu errichten. Dies ermöglicht ihr, ohne direkt einbezogen zu sein, eine Kontrolle und schafft gleichzeitig eine dezentrale Handlungsfähigkeit.
- Sie hat die Möglichkeit, Schlüsselpositionen im Staatsapparat, beim Militär und in den Massenorganisationen mit ihren Kadern zu besetzen. Dadurch kann sie innerhalb des Staatsapparates Weisungen erteilen und sich ein genaues Bild der tatsächlichen Prozesse in ihnen verschaffen. Die Massenorganisationen werden über die Kader der Partei gesteuert, die wiederum von der Partei angewiesen werden.
- Mit der Beherrschung von Partei, Staatsapparat und Massenorganisationen ist es möglich, die Aufstellung von Wahlvorschlägen in allen Bereichen zu kontrollieren. Dadurch ist die Auswahl

der Kandidaten und der von ihnen vertretenen Auffassungen begrenzt.

- Durch die Beherrschung aller Medien wird der Führungsanspruch der Partei durch ideologische Kampagnen untermauert. Freilich wird dadurch das inoffizielle Kommunikationssystem, das sich nach einem langen Untergrundkampf in der Bevölkerung entwickelt hat, kaum erreicht.
- Schließlich ist das Eingriffsrecht der Partei, ihre führende Rolle, in der Verfassung verankert, so daß ihr Verhalten auch rechtlich nicht angetastet werden kann.

Insgesamt entwickelte sich in Vietnam ein politisches Herrschaftssystem, das in vieler Hinsicht den bürokratischen Herrschaftsstrukturen, die in den »realsozialistischen« Ländern bestehen, ähnelt. Unterschiede finden sich weniger auf der formalen Ebene als in der praktischen Handhabung. Hier spielt eine wichtige Rolle, daß autoritär-hierarchische Eingriffsmöglichkeiten der Partei während des langen Befreiungskrieges erheblich eingeschränkt waren, weil sich die Partei stets die Unterstützung der Bevölkerung sichern mußte. Der Zwang hierzu hat bei vielen kommunistischen Führern, die diesen Kampf miterlebt haben, eine hohe Sensibilität für die Probleme der Bevölkerung bewirkt, wie die Schriften von Ho Chi Minh oder Pham Van Dong zeigen. Trotzdem ist es ihnen nicht möglich gewesen, die Parteiführungsrolle mit den Bedürfnissen der Bevölkerung nach 1975 wirksam zu vermitteln.

Die nationale Wiedervereinigung der Sozialistischen Republik Vietnam 1976 und die Verabschiedung der neuen Verfassung verändern die Struktur der Herrschaftsverhältnisse in Vietnam nicht. Auch wenn gegenwärtig aus Gründen der besseren Organisation und Verwaltung die Dezentralisierung in Vietnam gefördert wird, Provinzen und Distrikte dadurch ein höheres Maß an Eigenständigkeit gewinnen und individuelle materielle Anreize die Initiative der einzelnen verstärken sollen, bleibt doch die prinzipielle Problematik der Demokratisierung dieser Gesellschaft weiterhin bestehen. Mit Demokratisierung ist hier freilich nicht ein System bürgerlich-parlamentarischer Demokratie gemeint, sondern die Eröffnung von Einwirkungsmöglichkeiten für die Bevölkerung auf den politischen Prozeß, wodurch gleichzeitig ihre Motivation zur Mitwirkung an gesamtgesellschaftlicher Entwicklung gesteigert würde.

Andreas Buro/Karl Grobe

Reformfrühling

»Es ist allgemein verbreitet, daß Kader und Parteimitglieder von Korruption, Bestechung, Reichtum durch Schmuggel befallen sind, sich selbst mit Alkoholgenuß und Spiel demoralisieren und sich gegenseitig mit Geschenken bestechen ... Noch nie hat die Partei einen so starken Verlust an Würde und Tugend erlebt wie heute. Das ist ein großes und sehr ernst zu nehmendes Problem!«

Le Duc Tho, Politbüro-Mitglied, 1986

*

»Wir hatten früher eine sehr romantische Vorstellung vom Aufbau des Sozialismus. Wir dachten, Staatseigentum sei das A und O, damit ließen sich alle Probleme lösen. Wir hatten sehr ehrgeizige Industrialisierungsprogramme, wir haben uns jahrelang mehr von unseren Träumen leiten lassen als von der Wirklichkeit. Jetzt sind wir an einem Punkt angelangt, wo wir der Realität ins Auge blikken müssen: Staatseigentum an sich ist nicht der Schlüssel zu Wohlstand und Glück. Dazu ist gutes Management nötig, und dazu braucht es Menschen, die stark motiviert sind, eine Bevölkerung, die bereit ist, sich zu engagieren.«

Nguyen Co Thach, Außenminister, 1987

»Wir erkennen an, daß noch auf lange Sicht Warenwirtschaft in der Form von Kleinproduktion und die Existenz eines privatkapitalistischen Wirtschaftssektors sowie der Kleinbourgeoisie in einer Reihe von wirtschaftlichen Bereichen des Produktions- und Dienstleistungssektors notwendig ist.«

Truong Chinh, ehemaliger Generalsekretär der Kommunistischen Partei Vietnams, 1986

*

»Weil wir das Zuckerrohr von den Bauern zu Preisen kauften, die noch unterhalb der Produktionskosten lagen, weigerten sie sich, an uns zu verkaufen, und verkauften lieber an private Händler. In manchen Gebieten vernichteten sie sogar die Ernte, um andere Produkte anzubauen. Umgekehrt verkauften wir ihnen Industrieprodukte zu teuer, so daß sie die Preise ihrer Produkte sofort erhöhten, um Verluste zu vermeiden. Auf diese Weise stiegen die Preise unabhängig von unserem Willen.«

»Die Inflation ist ein ernstes Problem geworden. Sie ist so allgegenwärtig, daß sie täglich für jede Hausfrau und jeden Bürger spürbar ist. Eine wichtige Ursache für diese Situation sind die negativen Erscheinungen bei der Verteilung von Material, Ausrüstung und Waren, die aus willkürlichen Preissteigerungen resultieren, mit denen aus den Preisunterschieden Gewinne geschlagen werden. Die grundlegende Ursache für die Situation aber ist das niedrige Produktionsniveau, die große Lücke zwischen Angebot und Nachfrage und ein gravierendes Mißverhältnis zwischen Kaufkraft und Warenangebot.«

»Auf dem Kongreß wurde nachdrücklich darauf hingewiesen, daß die Fehler, die in den vergangenen Jahren bei der Versorgung gemacht wurden, von Fehlern in der ökonomischen Struktur, bei der sozialistischen Umgestaltung und im Wirtschaftsmanagement bei Fortdauer des Mechanismus eines bürokratischen Zentralismus und staatlichen Subventionssystems resultieren.«

»Die Bevölkerung selbst soll die Maßnahmen kennen, diskutieren, durchführen und kontrollieren.«

»Für eine fruchtbare Durchführung der Beschlüsse müssen wir den Kampf gegen bürokratischen Zentralismus, Zwang und Entfremdung von den Lebensbedingungen der Massen, gegen erzwungene und starre Entscheidungen fortsetzen. Alle Massenmedien müssen die Öffentlichkeit motivieren, an diesem Kampf aktiv teilzunehmen, jeden Verstoß gegen die Politik von Partei und Staat ebenso wie jeden Rechtsbruch zu verurteilen.«

Nguyen Van Linh, Generalsekretär der Kommunistischen Partei Vietnams, auf dem 6. Parteitag, 1986

*

»Wenn wir wirtschaftliche Fortschritte machen wollen, dann müssen wir den einzelnen Betrieben und Kooperativen mehr Entscheidungsbefugnisse geben, mehr Autonomie in Finanz- und Managementfragen ist unumgänglich. Das bedeutet aber andererseits eine Einschränkung staatlicher Macht, das ist die logische Konsequenz.«

Nguyen Co Thach, Außenminister, 1987

Zum Weiterlesen

Hier sei nur auf eins der zahlreichen Bücher über den Vietnam-Krieg hingewiesen, das Tagebuch der Kriegsberichterstatterin **Oriana Fallaci: Wir, Engel und Bestien,** dtv 10259, 9,80 DM.

Nicht nur zur Vietnam-Solidarität, sondern zur Geschichte der Dritte-Welt-Bewegung in der Bundesrepublik insgesamt haben **Werner Balsen** und **Karl Rössel** ein anregendes Buch zusammengestellt: **Hoch die Internationale Solidarität,** 1986 im Kölner Volksblatt Verlag erschienen, 29,80 DM.

Eine zugleich fundierte und lesbare Darstellung der Entwicklung Vietnams nach 1975 ist das Ergebnis einer wissenschaftlich-journalistischen Zusammenarbeit: **Andreas Buro/Karl Grobe: Vietnam! Vietnam?**, edition Suhrkamp 1197, 14,00 DM.

Eine Anzahl von Reportagen geben einen Einblick in die Situation Vietnams in den ersten Jahren nach der Befreiung, etwa **Renate von Gizycki: Begegnung mit Vietnam,** Fischer Taschenbuch 3885, 10,80 DM; **Peter Krebs: Die Kinder von Vietnam,** Hoffmann und Campe; **Georg W. Alsheimer: Eine Reise nach Vietnam,** Suhrkamp Verlag, 7,00 DM und **Klaus Jürgen Schmidt: Leben im Reisfeld,** Peter Hammer Verlag, 16,80 DM.

Solidarität

Terres des hommes arbeitet mit vietnamesischen Institutionen zusammen und leitet Spenden für die Projekte weiter: Postfach 4126, 4500 Osnabrück, Tel. (05 41) 7 10 10. Dort gibt es auch Informationsmaterial.

Die **Freundschaftsgesellschaft Vietnam,** Duisburger Straße 46, 4000 Düsseldorf 30, Tel. (02 21) 49 01 11, gibt unter anderem den **»Vietnam-Kurier«** heraus und veranstaltet Studienreisen. Filme bekommt man beim **Filmdienst Vietnam,** c/o Prof. G. Giesenfeld, Frankfurter Straße 55, 3550 Marburg, Tel. (0 64 21) 1 21 70.

Vietnamesisches Kulturzentrum, Colmantstraße 5, 5300 Bonn 1, Tel. (02 28) 63 86 69.

Kinderhilfe Vietnam/Hyvong, Ladiusstraße 3, 1000 Berlin 37, Tel. (0 30) 8 15 74 95.

Viermal im Jahr erscheinen die **»südostasien informationen«,** herausgegeben von der **Südostasien Informationsstelle,** Josephinenstraße 71, 4630 Bochum, Tel. (02 34) 50 27 48.

Quellenverzeichnis

S. 10 Aus: Erich Fried, und VIETNAM und, Verlag Klaus Wagenbach, Berlin 1966, S. 57

S. 11 Zitate aus: Balsen/Rössel, Hoch die Internationale Solidarität, Kölner Volksblatt Verlag, Köln 1986; Horleman/Gäng, Vietnam, Suhrkamp Verlag, Frankfurt 1971; Andreas Buro/ Karl Grobe, Vietnam! Vietnam?, es 1197, Copyright: Suhrkamp Verlag, Frankfurt 1984

S. 22 Aus: Oriani Fallaci, Wir, Engel und Bestien, Deutscher Taschenbuch Verlag, München 1985, S. 109

S. 27 Zit. nach: Rupert Neudeck (Hg.), Wie helfen wir Asien? oder »Ein Schiff für Vietnam«, Rowohlt Taschenbuch Verlag, Reinbek 1980, S. 184

S. 28 Aus: Klaus Jürgen Schmidt, Leben im Reisfeld, Peter Hammer Verlag, Wuppertal 1984, S. 7

S. 30 Copyright: Verlag Klaus Wagenbach

S. 34 Aus: Klaus Jürgen Schmidt, a.a.O., S. 10 f

S. 37 Aus: Andreas Buro/Karl Grobe, Vietnam! Vietnam?, es 1197. Copyright: Suhrkamp Verlag, Frankfurt 1984, S. 114 ff

S. 49 Aus: Die Weltwoche, 4. 5. 1989

S. 52 Aus: epd-entwicklungspolitik, Nr. 23/24/1987, S. 14 ff

S. 56 Aus: Peter Krebs, Die Kinder von Vietnam, Hoffmann & Campe Verlag, Hamburg 1984, S. 191 f
S. 57 Aus: ebenda, S. 168 ff
S. 61 Aus: Die Weltwoche, 18. 5. 1989
S. 65 Aus: Entwicklungspolitische Nachrichten, Nr. 9/1987
S. 69 Textauszug aus: Buro/Grobe, a.a.O., S. 68 ff
S. 85 Textauszug aus: Buro/Grobe, a.a.O., S. 94 ff
S. 90 Zitate aus: Vietnam-Kurier, Nr. 2/1987

Über den Redakteur

Uwe Hoering arbeitet zur Zeit als Korrespondent in Afrika und ist Buchautor mit dem Schwerpunkt »Dritte Welt«. In der Reihe »Süd-Nord« erschienen bisher von ihm »Zum Beispiel Umweltzerstörung« und »Zum Beispiel Bangladesh«.